Rodrigo Leite
Souza Enoque

EDITORAÇÃO MUSICAL

fundamentos de notação musical

SÉRIE ALMA DA MÚSICA

Rua Clara Vendramin, 58 . Mossunguê
CEP 81200-170 . Curitiba . PR . Brasil
Fone: (41) 2106-4170
www.intersaberes.com
editora@intersaberes.com

Conselho editorial
Dr. Alexandre Coutinho Pagliarini
Drª. Elena Godoy
Mª Maria Lúcia Prado Sabatella
Dr. Neri dos Santos

Editora-chefe
Lindsay Azambuja

Gerente editorial
Ariadne Nunes Wenger

Assistente editorial
Daniela Viroli Pereira Pinto

Preparação de originais
Gilberto Girardello Filho

Edição de texto
Mille Foglie Soluções Editoriais
Monique Francis Fagundes Gonçalves
Palavra do Editor

Capa e projeto gráfico
Charles L. da Silva
dimair/Shutterstock (imagem de capa)

Diagramação
Bruno Palma e Silva

Equipe de *design*
Charles L. da Silva

Iconografia
Maria Elisa Sonda
Regina Claudia Cruz Prestes

Dados Internacionais de Catalogação na Publicação (CIP)
(Câmara Brasileira do Livro, SP, Brasil)

Enoque, Rodrigo Leite Souza
   Editoração musical: fundamentos de notação musical / Rodrigo Leite Souza Enoque. -- Curitiba, PR: Intersaberes, 2023. -- (Série alma da música)

   Bibliografia.
   ISBN 978-65-5517-246-1

   1. Composição (Música) - Programas de computador 2. Notação musical 3. Partituras - Editoração - Programas de computador I. Título. II. Série.

22-114884   CDD-781.3453

Índices para catálogo sistemático:
   1. Partituras musicais : Editoração : Programas de computador 781.3453
         Eliete Marques da Silva - Bibliotecária - CRB-8/9380

1ª edição, 2023.

Foi feito o depósito legal.

Informamos que é de inteira responsabilidade do autor a emissão de conceitos.

Nenhuma parte desta publicação poderá ser reproduzida por qualquer meio ou forma sem a prévia autorização da Editora InterSaberes.

A violação dos direitos autorais é crime estabelecido na Lei n. 9.610/1998 e punido pelo art. 184 do Código Penal.

SUMÁRIO

6   Apresentação
9   Como aproveitar ao máximo este livro

Capítulo 1
14 História e aplicações da notação musical

15 1.1 A partitura
41 1.2 Tipos de notação musical
47 1.3 Notação clássica
50 1.4 Notação de música popular
56 1.5 Notação expandida

Capítulo 2
67 Editoração musical na contemporaneidade

69 2.1 Redação, edição e impressão de partituras
75 2.2 Editoração musical particular ou artística
77 2.3 Editoração musical comercial
81 2.4 Editoração musical educacional
85 2.5 *Softwares* para editoração musical

Capítulo 3
98 Editoração musical: funções básicas

99   3.1 MuseScore
105 3.2 Criando um documento em branco

112 3.3 Criando um documento via *template*
114 3.4 Salvando e abrindo arquivos
116 3.5 Exportando uma partitura em PDF
119 3.6 Interface principal

Capítulo 4
134 Editoração musical: elementos principais

137 4.1 Compasso, pauta e sistema
141 4.2 Fórmula de compasso e armadura de clave
145 4.3 Entrada de alturas e ritmos
155 4.4 Notação homofônica e polifônica
157 4.5 Notação de cifras

Capítulo 5
167 Editoração musical: elementos complementares

168 5.1 Sinais de articulação
175 5.2 Sinais de expressão
182 5.3 Sinais de repetição
186 5.4 Inserção de letra
193 5.5 Controle de *playback*

Capítulo 6
207 Formatação da partitura

208 6.1 Tipo e tamanho da página
210 6.2 Determinando o tamanho do compasso
212 6.3 Definindo o espaçamento entre pautas
216 6.4 Delimitando o número de compassos por sistema
219 6.5 Delimitando o número de sistemas por página

227 Considerações finais
229 Referências
235 Bibliografia comentada
238 Respostas
240 Sobre o autor

APRESENTAÇÃO

Um questionamento bastante comum que muitos músicos amadores e profissionais fazem é por que se deve aprender e utilizar a escrita musical. De fato, questiona-se, com frequência, se a música, como uma manifestação artística, necessita de um conjunto de regras tão restrito e se a notação não acaba por se tornar um elemento limitador, obstando a criação musical. Essa reflexão é válida e foi feita por diversos estudiosos e compositores que, em muitas vertentes da arte, abandonaram a escrita e passaram a produzir suas obras sem um recurso material pautado ou mesmo sem regras definidas para a *performance* musical. Entretanto, um fato é inegável e já estabelecido quando se trata das regras e da história da música no Ocidente: a notação musical teve um papel fundamental na construção do que atualmente se compreende como música. A escrita musical foi um dos principais elementos que projetaram todas as regras e conceitos em uma composição ou apresentação de uma obra musical.

O fazer musical pode ser realizado de diversas maneiras, e muitas delas não necessariamente requerem um recurso de escrita ou anotações em partituras para que sejam feitas com excelência. Todavia, compreender a notação musical por meio de partituras e cifras não implica obrigatoriamente uma limitação na criatividade, como se prega em algumas vertentes da composição. A partitura é uma ferramenta necessária em diversos contextos, e conhecer esse recurso é um diferencial que todo músico, amador ou profissional, deveria incluir em seu currículo.

Cabe observar, ainda, que, em muitos gêneros musicais e em meios educacionais, a partitura é fundamental para que a prática musical aconteça. Quando se lida com orquestrações complexas, estilos musicais nos quais a precisão é essencial ou a distribuição de materiais musicais para várias pessoas, é imprescindível ter o domínio da leitura e escrita musical. Como executar a regência de um coral ou de um largo grupo instrumental sem o recurso escrito? De que forma avaliar e entregar materiais de estudo a estudantes de música sem uma notação clara e precisa? Como registrar a autoria de uma composição ou arranjo sem um documento que comprove a criação dessa obra? Tais perguntas exemplificam a importância do conhecimento da escrita musical em suas diferentes modalidades.

Tendo isso em vista, neste livro, descrevemos como é feita a escrita da partitura, apresentando seus elementos gráficos e os significados que eles representam em relação à execução de uma obra de música. Em paralelo, abordamos aspectos referentes à aplicação desse conhecimento no mercado e em sala de aula, como recurso didático. Por fim, explicamos, de maneira objetiva, a editoração de artituras via *softwares* de computador. Para isso, escolhemos a plataforma MuseScore como ferramenta principal, em razão de sua gratuidade e facilidade de acesso por qualquer usuário.

Ressaltamos que para este livro utilizamos o programa MuseScore em sua versão 3.6. Uma nova versão do programa, intitulada MuseScore 4, foi lançada para a comunidade em dezembro de 2022 e conta com algumas modificações na interface, como novas cores e interface customizável para melhor acessibilidade, muitas melhorias no sistema de *playback* e, como principal diferença, todas as janelas de configuração como as "Paletas" e o "Inspetor" estão localizados na lateral direita da janela de edição do programa. Porém, todas essas atualizações podem ser alteradas pelo usuário, permitindo a realocação de todas as janelas do programa. Ainda que essa nova versão esteja disponível, o guia disponibilizado neste livro ainda segue abordando todas as funcionalidades em ambas as versões do programa, uma vez que todos os recursos e as funções dentro do software seguem essencialmente as mesmas, incluindo atalhos de teclado e sistemas para editoração.

Esperamos que, ao final da leitura deste material, você, leitor(a), compreenda os principais aspectos da escrita musical e consiga editar as próprias partituras para as diferentes finalidades a que esse recurso se destina.

Bons estudos!

COMO APROVEITAR AO MÁXIMO ESTE LIVRO

Empregamos nesta obra recursos que visam enriquecer seu aprendizado, facilitar a compreensão dos conteúdos e tornar a leitura mais dinâmica. Conheça a seguir cada uma dessas ferramentas e saiba como estão distribuídas no decorrer deste livro para bem aproveitá-las.

Introdução do capítulo

Logo na abertura do capítulo, informamos os temas de estudo e os objetivos de aprendizagem que serão nele abrangidos, fazendo considerações preliminares sobre as temáticas em foco.

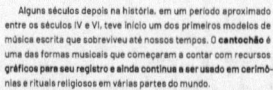

Curiosidade

Nestes boxes, apresentamos informações complementares e interessantes relacionadas aos assuntos expostos no capítulo.

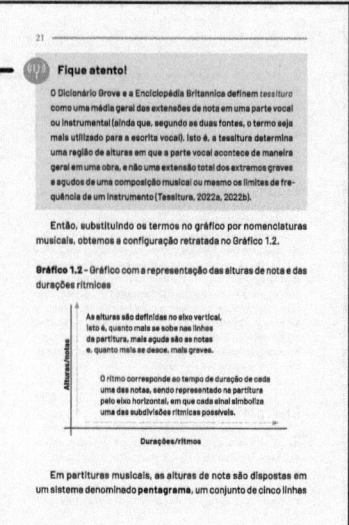

Fique atento!

Ao longo de nossa explanação, destacamos informações essenciais para a compreensão dos temas tratados nos capítulos.

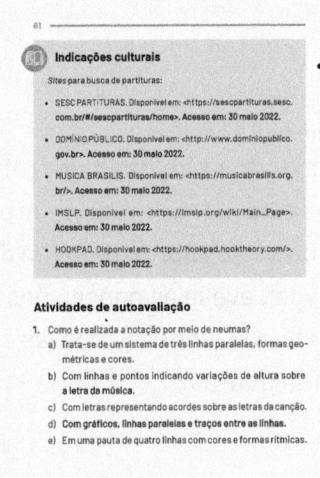

Indicações culturais

Para ampliar seu repertório, indicamos conteúdos de diferentes naturezas que ensejam a reflexão sobre os assuntos estudados e contribuem para seu processo de aprendizagem.

Importante!

Algumas das informações centrais para a compreensão da obra aparecem nesta seção. Aproveite para refletir sobre os conteúdos apresentados.

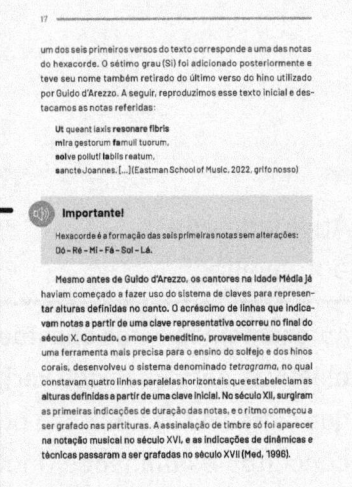

Síntese

Ao final de cada capítulo, relacionamos as principais informações nele abordadas a fim de que você avalie as conclusões a que chegou, confirmando-as ou redefinindo-as.

Atividades de autoavaliação

Apresentamos estas questões objetivas para que você verifique o grau de assimilação dos conceitos examinados, motivando-se a progredir em seus estudos.

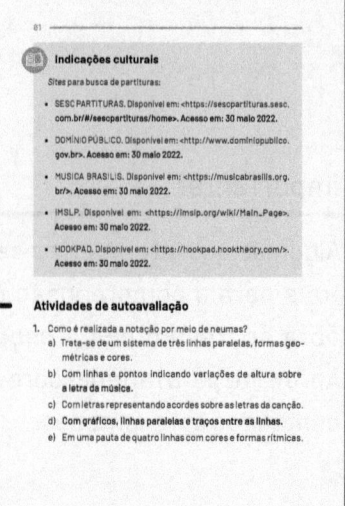

Atividades de aprendizagem

Aqui apresentamos questões que aproximam conhecimentos teóricos e práticos a fim de que você analise criticamente determinado assunto.

Bibliografia comentada

Nesta seção, comentamos algumas obras de referência para o estudo dos temas examinados ao longo do livro.

Capítulo 1
HISTÓRIA E APLICAÇÕES DA NOTAÇÃO MUSICAL

Neste capítulo, abordaremos os principais aspectos sobre a partitura musical e suas regras gerais de leitura e interpretação, bem como apresentaremos uma explicação sintética sobre a forma como se elabora uma partitura introdutória, considerando-se como se deve descrever a rítmica e as alturas de notas em um sistema de notação tradicional. Com isso, você será capaz de escrever uma partitura manualmente, observando os principais aspectos da notação musical que permitem a interpretação instrumental ou vocal da música escrita no documento. Outros elementos, como dinâmicas, letras e indicações técnicas, serão discutidos nos últimos capítulos do livro, em conjunto com os processos de editoração musical via *software*.

Além das descrições técnicas relativas à elaboração de uma partitura de música, faremos algumas considerações históricas e estéticas sobre a escrita musical e seu papel na cultura e no caminho histórico da música. A notação musical, assim como a criação artística em geral, também foi transformada ao longo da história. Consequentemente, seu papel na composição e seus formatos foram se modificando em diferentes períodos. Nessa perspectiva, compreender a utilização da partitura e suas transformações com o passar do tempo também é uma maneira de buscar conhecer a história da arte musical como um todo.

1.1 A partitura

Neste capítulo, trataremos brevemente do desenvolvimento da notação musical no Ocidente e comentaremos algumas abordagens da escrita de música em outras culturas. Ainda, revisaremos sinteticamente como ler uma partitura e quais são os principais elementos de escrita que compõem a notação musical tradicional.

1.1.1 Breve histórico da escrita musical

Existem muitos estudos e discussões sobre quais seriam os primeiros registros escritos de música. É possível encontrar elementos que caracterizam uma notação musical em diferentes culturas, em vários períodos da Antiguidade. No Ocidente, onde o sistema atual da partitura se desenvolveu e se consolidou, há vários registros de escrita musical, sendo o mais antigo deles o *Epitáfio de Seikilos* ou *de Sícilo* (Figura 1.1), datado do século II aproximadamente. O epitáfio foi descoberto no território que hoje corresponde à Turquia e descreve uma canção em grego antigo. Trata-se de um dos primeiros materiais escritos em que é possível identificar uma notação indicando letra, melodia e ritmo talhados em uma coluna. Atualmente, encontra-se no Museu Nacional de Copenhague, na Dinamarca.

Figura 1.1 – *Epitáfio de Seikilos*

Alguns séculos depois na história, em um período aproximado entre os séculos IV e VI, teve início um dos primeiros modelos de música escrita que sobreviveu até nossos tempos. O **cantochão** é uma das formas musicais que começaram a contar com recursos gráficos para seu registro e ainda continua a ser usado em cerimônias e rituais religiosos em várias partes do mundo.

Curiosidade

O termo *canto gregoriano* também costuma ser empregado para designar o gênero cantochão, porém essa terminologia só começou a ser empregada no século VI, quando já correspondia a certa organização e registros referentes aos cantos executados nas instituições religiosas da Europa.

O cantochão consiste em uma linha melódica monofônica sem acompanhamento que flui de acordo com a acentuação das palavras, sendo normalmente cantado em latim (ainda que existam registros de músicas não religiosas cantadas em línguas vernáculas). Esse formato de escrita ficou reconhecido como **neumas**, isso é, pequenas indicações gráficas escritas sobre as letras do canto. No entanto, os neumas não apresentavam um registro específico de alturas ou ritmos; pelo contrário, representavam mais uma anotação indicativa, por meio da qual os cantores do coro poderiam executar as obras de diferentes maneiras, sem um padrão escalar específico e sem rítmica definida (Bennett, 1986).

Foi somente no século X que os sistemas de escrita foram se aperfeiçoando e, gradativamente, novos sinais foram sendo introduzidos na escrita para representar elementos musicais mais precisos.

Já no século XI, iniciou-se a criação do que se compreende como o sistema de notação musical moderno, mediante o desenvolvimento de um sistema de notas musicais com nomenclaturas específicas e de uma grafia que representa alturas e padrões rítmicos um pouco mais rigorosos. Após esse período, caiu em desuso a escrita com neumas e surgiram as **pautas** (Figura 1.2), que foram sendo aprimoradas ao longo dos séculos para o formato contemporâneo (Holst, 1998).

Figura 1.2 - Exemplos de escrita musical com neumas (à esquerda) e de escrita musical em tetragrama (à direita)

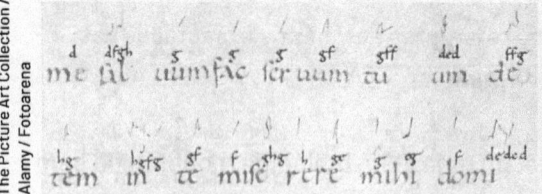

Um nome fundamental na história da música e de seu sistema de escrita é o do monge beneditino Guido d'Arezzo, a quem é atribuída a criação do sistema de notas musicais ainda em vigor, com algumas alterações. Os nomes das notas musicais foram retirados das sílabas iniciais de um hino dedicado a São João Batista, sendo a primeira sílaba referente à nota Dó (que inicialmente foi denominada *Ut*). Cada um dos seis primeiros versos do texto corresponde a uma das notas do hexacorde. O sétimo grau (Si) foi adicionado posteriormente e teve seu nome também retirado do último verso do hino utilizado por Guido d'Arezzo. A seguir, reproduzimos esse texto inicial e destacamos as notas referidas:

Ut queant laxis **re**sonare fibris
mira gestorum **fa**muli tuorum,
solve polluti **la**biis reatum,
sancte Joannes. [...](Eastman School of Music, 2022, grifo nosso)

Importante!

Hexacorde é a formação das seis primeiras notas sem alterações: Dó - Ré - Mi - Fá - Sol - Lá.

Mesmo antes de Guido d'Arezzo, os cantores na Idade Média já haviam começado a fazer uso do sistema de claves para representar alturas definidas no canto. O acréscimo de linhas que indicavam notas a partir de uma clave representativa ocorreu no final do século X. Contudo, o monge beneditino, provavelmente buscando uma ferramenta mais precisa para o ensino do solfejo e dos hinos corais, desenvolveu o sistema denominado *tetragrama*, no qual constavam quatro linhas paralelas horizontais que estabeleciam as alturas definidas a partir de uma clave inicial. No século XII, surgiram as primeiras indicações de duração das notas, e o ritmo começou a ser grafado nas partituras. A assinalação de timbre só foi aparecer na notação musical no século XVI, e as indicações de dinâmicas e técnicas passaram a ser grafadas no século XVII (Med, 1996).

Com o passar dos séculos e as transformações ocorridas na música, novos modelos de pautas, sistemas de notas, indicações rítmicas e claves foram sendo introduzidos na escrita musical, dando origem ao que se conhece atualmente como **partitura**. É inegável que o sistema de escrita teve um papel fundamental no desdobramento do que foi a composição musical na cultura ocidental, muito mais do que uma via única em que a notação ia sendo transformada à medida que as necessidades dos músicos se tornavam mais complexas. Assim, a partitura representou um elemento fundamental na formação da música que, de diversas maneiras, desenvolveu-se no entorno desse material. Logo, entender a partitura musical implica reconhecer como a música ganhou sua conformação atual, incluindo suas transformações na escrita e, até mesmo, os questionamentos quanto a sua utilização e, em algumas estéticas composicionais, à desconstrução da notação musical como elemento estético no processo de criação musical.

1.1.2 A lógica da partitura

Antes de conhecer todos os elementos gráficos que integram uma partitura e seus significados, é importante entender que a notação musical moderna segue uma lógica básica para o processo de leitura. Assim como acontece no aprendizado de um idioma, em que as regras gramaticais só fazem sentido quando se compreende a estrutura em que a língua se baseia para comportar suas características, no aprendizado da escrita musical também é preciso compreender o princípio que regulamenta todo o processo de notação e interpretação de seus componentes em uma peça de música escrita.

Da mesma forma que ocorre com a leitura de textos na maioria dos idiomas do Ocidente, a leitura de uma partitura é feita da esquerda para a direita, do ponto de vista do leitor. Entretanto, no caso da partitura, acrescenta-se o fator vertical, isto é, um músico precisa seguir a leitura do documento interpretando elementos em uma perspectiva horizontal e vertical simultaneamente, algo que parece bastante complexo em um primeiro momento, mas que é bastante lógico quando se compreende o que é representado em cada um dos eixos. Eis aí a primeira regra na lógica da escrita musical: cada direção de leitura representa um elemento em específico da obra musical.

Basicamente, a partitura é formada por cinco linhas paralelas equidistantes, sendo as notas inseridas nessas linhas e nos espaços correspondentes. Já os ritmos são representados por sinais específicos que indicam a duração de cada nota, como mostra a Partitura 1.1.

Partitura 1.1 - Exemplo de melodia escrita em uma partitura convencional

Os fundamentos para a leitura da partitura serão abordados mais adiante neste capítulo, mas, para melhor compreensão desse processo, é possível fazer uma associação prévia com um gráfico em que o eixo horizontal (eixo das abscissas ou eixo X) representa o tempo e o eixo vertical (eixo das ordenadas ou eixo Y), a frequência (Gráfico 1.1).

Gráfico 1.1 – Gráfico representativo em que o eixo X representa o tempo e o eixo Y, a frequência

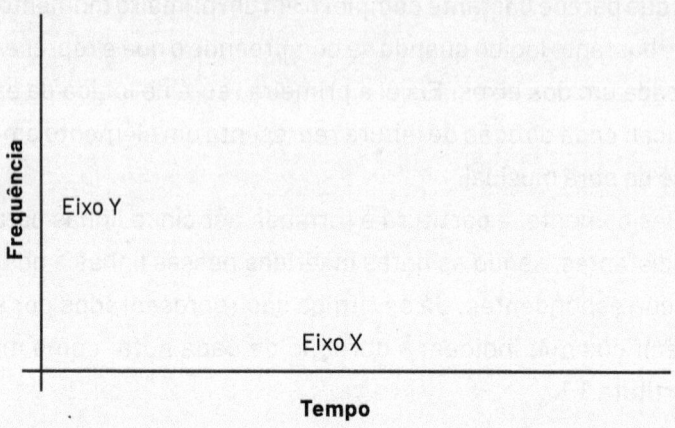

Traduzindo os termos *tempo* e *frequência* para expressões mais próximas da teoria musical, devemos observar que o eixo vertical representa as alturas (*pitch*) – quanto mais se sobe no gráfico, mais agudas são as notas; consequentemente, quanto mais se desce, mais graves elas são. Já no eixo horizontal, faz-se a representação das durações das notas, ou seja, a representação rítmica, a qual consiste em uma subdivisão do tempo, uma vez que as notas podem ter durações maiores ou menores dependendo da composição e da organização. Assim, o eixo X determina também a duração total na obra, ao passo que o eixo Y representa toda a gama de frequências presentes na partitura. Os termos utilizados para representar o espectro de alturas em um instrumento ou voz em música são *tessitura, âmbito* ou *extensão*. Ou seja, a **tessitura** corresponde à disposição das notas utilizadas por um instrumento ou conjunto instrumental, compreendendo os limites graves e agudos de determinado instrumento ou voz (Med, 1996).

Fique atento!

O Dicionário Grove e a Enciclopédia Britannica definem *tessitura* como uma média geral das extensões de nota em uma parte vocal ou instrumental (ainda que, segundo as duas fontes, o termo seja mais utilizado para a escrita vocal). Isto é, a tessitura determina uma região de alturas em que a parte vocal acontece de maneira geral em uma obra, e não uma extensão total dos extremos graves e agudos de uma composição musical ou mesmo os limites de frequência de um instrumento (Tessitura, 2022a, 2022b).

Então, substituindo os termos no gráfico por nomenclaturas musicais, obtemos a configuração retratada no Gráfico 1.2.

Gráfico 1.2 – Gráfico com a representação das alturas de nota e das durações rítmicas

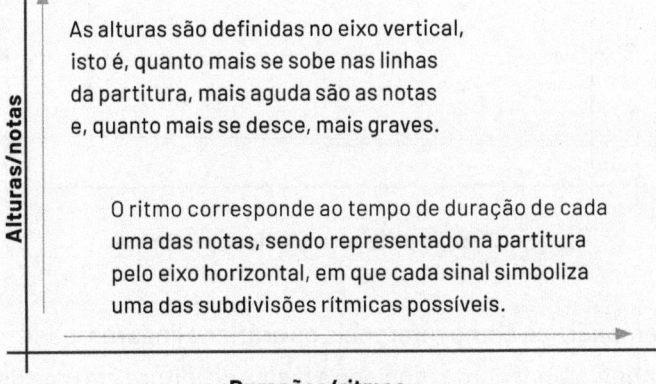

Em partituras musicais, as alturas de nota são dispostas em um sistema denominado **pentagrama**, um conjunto de cinco linhas

paralelas e quatro espaços em que o símbolo rítmico correspondente também representa a nota em questão. A identificação da nota em cada uma das linhas ou espaços é dada pela clave escrita no início da partitura, assim como a duração de cada nota é tida pela fórmula de compasso que determina uma subdivisão regular dos tempos ao longo de toda a música. Por conseguinte, é possível representar uma série de cinco linhas paralelas no meio do gráfico, retratando a lógica de leitura do pentagrama (Gráfico 1.3).

Gráfico 1.3 – Pentagrama de uma partitura representado sobre um gráfico explicativo

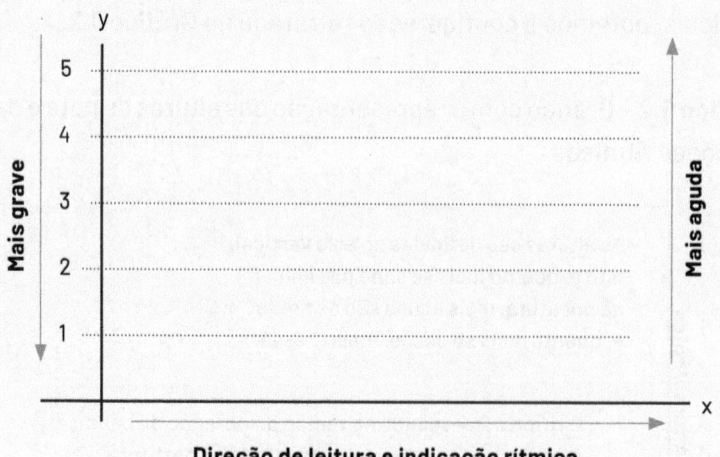

Direção de leitura e indicação rítmica

Tomando-se como referência os gráficos lineares, pode-se compreender melhor como funciona a lógica de leitura em uma partitura de música, que facilita o processo de tradução dos materiais sonoros de uma obra em elementos gráficos em uma tela ou papel pautado. Certamente, a representação de notas, ritmos e expressões musicais se desenvolve muito além da simples relação entre alturas e ritmos no pentagrama. Ainda assim, tais elementos obedecem ao princípio de que a partitura representa exatamente as notas e suas durações organizadas no tempo. Na sequência, detalharemos como ocorrem os ritmos e as variações de alturas de nota em uma partitura.

1.1.3 Os elementos da partitura

Além de uma lógica de organização dos ritmos e das alturas, uma partitura conta com vários sinais para representar elementos sonoros em uma execução musical. Todos esses elementos têm relação com a teoria da música, uma vez que a partitura nada mais é do que uma representação gráfica de uma composição musical. Seus símbolos traduzem em imagens os elementos instrumentais e vocais de uma obra musical. Assim, é importante que, ao estudar o processo de notação musical, a pessoa já tenha algum conhecimento dos elementos básicos e das terminologias utilizadas para definir aspectos musicais.

Não é nosso escopo tratar da teoria básica de música. Ainda que apresentemos algumas explicações e fundamentações, recomendamos que o(a) leitor(a) busque outras fontes de informação em caso de dúvidas ou dificuldades quanto aos termos citados aqui; nesse sentido, convém consultar as referências listadas ao final do livro e aproveitar os recursos interativos para o estudo dos conceitos empregados na teoria musical que são representados na notação de uma partitura.

Para elucidarmos os principais sinais musicais, fizemos uma subdivisão em elementos rítmicos e de alturas. Além disso, ao final deste capítulo, analisaremos uma partitura como exemplo e explicaremos os procedimentos de leitura e escrita de uma melodia aplicando o conteúdo abordado.

Ritmos

Sob uma perspectiva simplificada, a música é uma arte na qual os sons são organizados no tempo. Cada nota tem uma duração específica delimitada pelo compositor e que deve ser informada ao intérprete de maneira clara. O ritmo, portanto, corresponde à organização dos tempos musicais, isto é, a uma relação entre diferentes durações que são sempre fundamentadas em comparação a outras durações de nota as quais são fixadas pelo compositor para criar sua obra sonora. Nesse sentido, o ritmo consiste em uma organização relacional de durações relativas de notas e sons. O tempo de duração de cada elemento acústico é estabelecido pelo compositor e fundamentado na escrita por meio de alguns elementos específicos.

Na escrita dos valores rítmicos, certas figuras representam valores de duração de notas e silêncios equivalentes. Desse modo, para cada valor de som, há um valor de silêncio com uma duração igual. O tempo de duração das notas e pausas pode ser interpretado pelo andamento geral da obra, descrito na partitura com textos indicativos, como *lento* ou *moderado*, ou mediante valores numéricos denominados *batidas por minuto* (bpm) – constituindo o **andamento**. O valor de bpm apresenta uma quantidade de batidas regulares efetuadas em um minuto. Para determinar a velocidade do bpm, é necessário dispor de um equipamento específico, o metrônomo, que pode ser configurado de acordo com o número presente na partitura a fim de que o músico saiba exatamente o tempo de duração de uma nota (por exemplo: ♩ = 120, ou seja, uma semínima equivale a uma batida a 120 bpm[1]).

...
1   Os termos representativos da rítmica na partitura serão apresentados mais adiante no texto.

Importante!

Metrônomo é um aparelho que indica as pulsações regulares em um valor de bpm específico. O usuário insere no aparelho o valor desejado, e uma pulsação contínua é executada por meio de sons e movimentos de um pêndulo. Atualmente, existem metrônomos digitais que funcionam em aparelhos celulares e computadores pessoais, o que facilita a leitura dos valores de bpm em uma partitura.

Ao se estabelecer um valor de duração para uma figura rítmica, pode-se, então, criar todas as subdivisões necessárias para o desenvolvimento da obra. Na música ocidental, os valores rítmicos podem ser compreendidos por meio de uma relação de dobro e metade. Dessa forma, determinado tempo rítmico pode ter sua duração duplicada ou dividida ao meio, ou seja, pode durar o dobro de tempo ou ter sua duração reduzida pela metade. Para cada divisão, há símbolos musicais que a representam. Essa relação pode ser estendida a qualquer outra figura rítmica, o que permite a criação de organizações rítmicas extremamente complexas, tendo em vista as infinitas combinações de valores representados pelas figuras rítmicas existentes.

As figuras são formadas por três elementos gráficos importantes, os quais se alteram dependendo do local onde as notas são inseridas no pentagrama. Assim, eles podem ficar voltados para cima ou para baixo, além de indicarem a linha ou o espaço preciso em que as notas estão colocadas. As três partes da figura rítmica estão especificadas na Figura 1.3, a seguir.

Figura 1.3 – As três partes componentes da figura rítmica

Colchete
Haste
Cabeça

Belozersky/Shutterstock

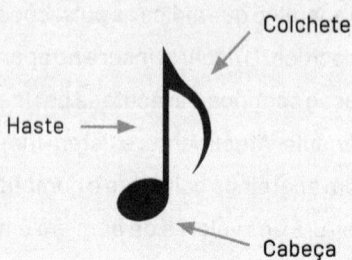

A cada figura rítmica corresponde um número específico que indica a quantidade de divisões a partir da maior duração possível, representado pela **semibreve** (1). As figuras rítmicas e suas subdivisões estão expostas na Figura 1.4.

Figura 1.4 – As subdivisões das figuras rítmicas, seus nomes e números representativos

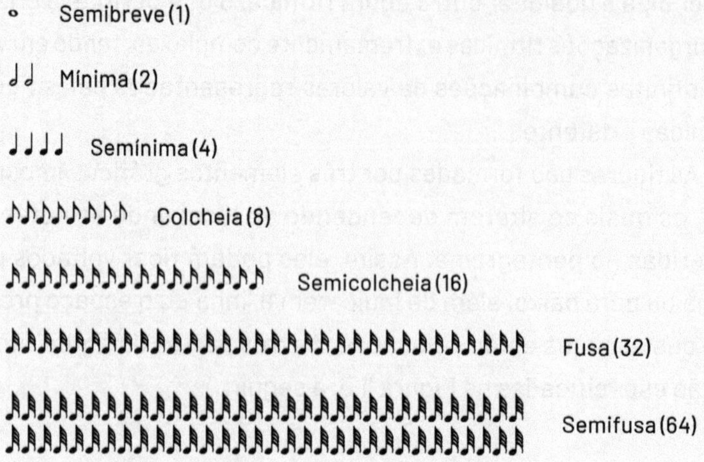

Semibreve (1)
Mínima (2)
Semínima (4)
Colcheia (8)
Semicolcheia (16)
Fusa (32)
Semifusa (64)

Belozersky/Shutterstock

Existe uma figura rítmica denominada **breve** (𝆸), cujo valor corresponde a duas semibreves; sua utilização, entretanto, é bastante rara, sendo encontrada normalmente em obras medievais e renascentistas. Também há figuras que subdividem o valor de uma **semifusa**(𝅘𝅥𝅰), chamadas de **quartifusas** (128), **quintifusas** (256), e assim sucessivamente.

Se na representação de notas há uma figura para cada subdivisão, existem também as pausas correspondentes à mesma duração das notas, como exposto na Figura 1.5.

Figura 1.5 – Pausas correspondentes a cada figura rítmica

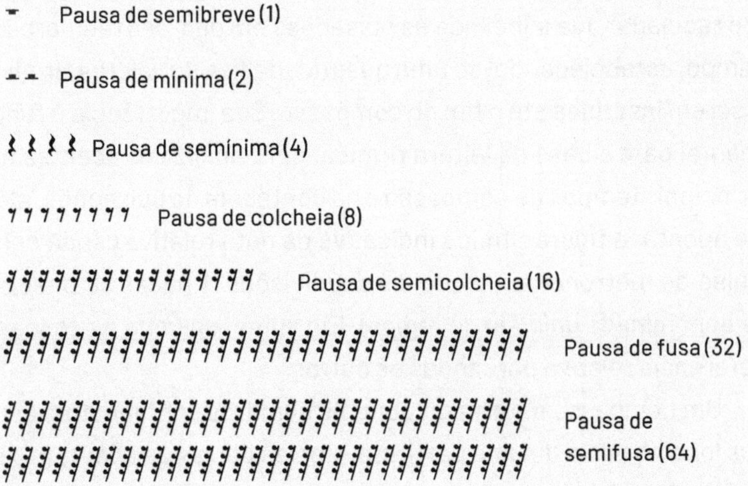

- Pausa de semibreve (1)
- Pausa de mínima (2)
- Pausa de semínima (4)
- Pausa de colcheia (8)
- Pausa de semicolcheia (16)
- Pausa de fusa (32)
- Pausa de semifusa (64)

Belozersky/Shutterstock

Além das combinações rítmicas com os valores descritos, é possível realizar alterações nas figuras rítmicas por meio de ligaduras e pontos de aumento.

As *ligaduras* sinalizam uma ligação entre duas figuras rítmicas, indicando que a duração da nota equivale à soma dos dois valores.

Esse recurso é interessante, já que permite alterar lugares de acentuação rítmica e provoca elaborações mais complexas entre os ritmos (por exemplo: ♩‿♩ = ♩). Para exemplificar, podemos citar as síncopes, elementos rítmicos que prolongam uma figura rítmica até o acento subsequente, criando elementos rítmicos elaborados.

Por sua vez, os **pontos de aumento** indicam que a figura tem a duração ampliada. Esse tempo é equivalente à metade do valor da figura correspondente e, à medida que novos pontos são acrescentados, valores menores vão sendo incluídos (por exemplo: ♩. = ♩ + ♪ ou ♩.. = ♩ + ♪ + ♬).

Um último elemento fundamental para compreender a rítmica em uma partitura é o **compasso**, o qual se constitui em um parâmetro regulador que subdivide as pulsações em padrões regulares de tempo, estabelecendo-se uma quantidade fixa de valores rítmicos a serem inseridos até o fim do compasso. Sua importância é fundamental para a base da leitura rítmica, pois sinaliza os acentos nos principais tempos de compasso e na contagem de pulsações, além de apontar a figura rítmica indicativa da nota relativa usada como pulso de metrônomo na qual as subdivisões rítmicas se baseiam (a denominada *unidade de tempo*). Em suma, delimita a rítmica de referência relativa para todas as outras.

Um compasso é formado por dois números sobrepostos, escritos logo no início de uma partitura, e pelas barras que limitam o início e o fim. Tomemos como exemplo um compasso ⁴/₄: o número inferior (4) representa o valor rítmico que será usado como pulso/referência no compasso (nesse caso, uma semínima), enquanto o número superior informa a quantidade de figuras (semínimas) que podem ser inseridas em um compasso. Com base nisso, pode-se entender quantas figuras rítmicas cabem no compasso.

Por exemplo: em um compasso ⁴/₄, pode-se inserir quatro semínimas, duas mínimas, oito colcheias, quatro colcheias e duas semínimas, bem como as diferentes combinações rítmicas possíveis, incluindo as pausas (Partitura 1.2).

Partitura 1.2 – Exemplo de algumas subdivisões rítmicas possíveis em um compasso

Compreender como funcionam os compassos e as figuras rítmicas permite desenvolver qualquer escrita das durações de notas em uma partitura.

Alturas

Considerando o eixo vertical do gráfico em que as alturas de nota são definidas na partitura, temos o pentagrama, um sistema de cinco linhas paralelas que representam uma altura de acordo com a linha ou o espaço em que a cabeça de nota está desenhada. No pentagrama usual, é possível representar nove notas. Por esse motivo, pode-se estender as linhas nas partes superior e inferior das cinco linhas originais. As linhas extras são denominadas *suplementares* e servem para representar toda a tessitura possível em um instrumento, uma vez que apenas no pentagrama não há como abranger todas as alturas de nota executadas pela maioria dos instrumentos musicais. As linhas suplementares seguem as mesmas regras do pentagrama normal, modificando-se apenas o tamanho da linha na grafia da partitura (Partitura 1.3).

Partitura 1.3 – Semínimas escritas em várias linhas, espaços e linhas suplementares na partitura

Outro elemento que pode ser utilizado para representar notas que vão além dos limites da partitura são os recursos de **oitava acima** ou **oitava abaixo**, os quais "selecionam" uma parte da pauta e delimitam que todas as notas escritas no pentagrama devem ser executadas em uma oitava diferente da especificada originalmente (Partitura 1.4).

Partitura 1.4 – Sistema de mudança de oitavas sem alterar a localização das notas na pauta

Ao todo, existem sete notas musicais, sendo a oitava uma repetição da primeira, o que cria um ciclo contínuo, em que as alturas mais altas são as notas agudas e as mais baixas, as mais graves[2]. As notas podem ser representadas pelo seu nome predominante nas línguas latinas, como nomeadas por Guido d'Arezzo, ou por letras

---

[2] No ciclo de oito notas, a oitava é a mesma nota presente no primeiro grau, porém mais grave ou mais aguda, dependendo de sua posição na partitura.

que correspondem a notas e acordes em alguns modelos de escrita musical[3]. As notas e as respectivas cifras estão listadas a seguir[4]:

Dó - C
Ré - D
Mi - E
Fá - F
Sol - G
Lá - A
Si - B

As notas musicais podem ser percebidas por meio de sua **afinação absoluta**, isto é, da frequência específica que determina sua afinação, bem como mediante a relação com outras notas, o que se define como **intervalo**[5]. As distâncias entre notas podem ser medidas por um valor inteiro, denominado **tom**, e pela divisão ao meio da distância de um tom, denominada **semitom**. Para representar as alterações de semitons não naturais, existem dois sinais: o sustenido (♯), que simboliza a alteração de meio tom mais agudo, e o bemol (♭), que representa o oposto, indicando uma alteração de semitom para baixo. O bequadro (♮) representa uma nota natural, sem alterações, e deve ser usado para fazer referência a notas naturais ou anular modificações de sustenidos e bemóis. Com exceção dos

...

3 Em idiomas de origem latina, os nomes das notas descendem das sílabas do hino a São João Batista, e as cifras são utilizadas para descrever os acordes. Em línguas germânicas, como o inglês, as notas e os acordes são representados pelas mesmas letras do alfabeto (Med, 1996).

4 A notação das cifras pode ser diferente a depender do idioma. Por exemplo, na língua alemã, a letra B representa a nota Si♭, enquanto o Si♮ natural é indicado pela letra H.

5 Intervalos são categorizações que definem as distâncias entre as notas. Neste texto, não abordaremos definições específicas dos intervalos de notas.

intervalos Si-Dó e Mi-Fá, que são semitons naturais, todas as outras notas apresentam um intervalo de um tom entre elas, o que permite alterações com sustenidos e bemóis[6] (Partitura 1.5). Os sinais de alteração são posicionados sempre à esquerda da cabeça da nota na escrita da partitura.

Partitura 1.5 – Exemplo de alterações em um pentagrama

Cada uma das notas é indicada em uma das linhas ou dos espaços do pentagrama; é a cabeça da nota que revela exatamente em qual das linhas ou dos espaços a nota está inserida. A assinalação da nota representada em cada linha ou espaço é determinada pela **clave**, um signo indicativo escrito no início da partitura antes da fórmula de compasso.

Ao longo da história, várias formatações e padrões de clave surgiram e caíram em desuso. No entanto, três claves se tornaram o padrão na escrita de partituras modernas. A primeira clave a ser utilizada na notação musical foi a clave de Fá (Figura 1.6) (clave de baixo); ela indica a posição da nota Fá nas linhas e é utilizada para indicar notas mais graves. A segunda clave é a clave de Dó (Figura 1.7), a qual, embora não seja muito utilizada na escrita moderna, é empregada para sinalizar tessituras medianas em alguns instrumentos e vozes que ocupam essa região do espectro

---

6   Em ambos os intervalos, as distâncias já correspondem a um semitom, por isso as notas Dó♭, Si♯, Mi♯ e Fá♭ são menos usuais e existem em algumas organizações teórico-musicais específicas.

de frequências. A terceira e última clave é a clave de Sol (Figura 1.8), mais utilizada na escrita das notas dos espectros médio e agudo.

Figura 1.6 – Clave de Fá

Figura 1.7 – Clave de Dó

Figura 1.8 – Clave de Sol

Cada uma das claves indica o ponto exato em que a nota de referência (que dá nome à clave) está posicionada no pentagrama. A partir dessa linha, as outras notas podem ser lidas nas linhas e nos espaços conforme a ordem original do sistema de notas

(Dó - Ré - Mi - Fá - Sol - Lá - Si). Os acidentes são sempre adicionados à esquerda da cabeça da nota, indicando uma alteração em uma nota específica e nas notas que estejam na mesma linha, no espaço até o final da barra de compasso ou anteriormente na armadura de clave. Vale ressaltar que, em cada uma das claves, a nota presente na linha ou no espaço corresponde a uma altura específica, ou seja, tem uma frequência-base particular, e não relativa. Por isso, cada clave representa uma organização clara de quais notas são indicadas nos espaços e nas linhas correspondentes, como citado há pouco.

Tomando-se a tecla central do teclado de piano, referente à nota Dó central, faz-se uma demarcação distintiva de cada uma das alturas. O Dó central na clave de Sol (na segunda linha) encontra-se na primeira linha suplementar abaixo[7]. Nesse caso, a nota Sol indicada na clave está invariavelmente na segunda linha do pentagrama[8]. Partindo-se, então, da clave de Fá, a nota Dó central está posicionada na primeira linha suplementar superior, acima da linha número 5 do pentagrama, sendo a nota Fá escrita na linha 4 do pentagrama. Na clave de Dó, a nota central encontra-se na terceira linha, justamente na mesma posição em que a clave de Dó indica a nota de referência para o posicionamento das outras notas do sistema.

Para compreender melhor a relação de alturas, considere o seguinte exemplo: na Partitura 1.6, observe a clave de Sol iniciando

• • •
7   Como indicado no Gráfico 1.3, as linhas e os espaços no pentagrama são contados de baixo para cima. Assim, a linha número 1 é a primeira linha abaixo no pentagrama. As linhas suplementares inferiores são contadas de cima para baixo, e as suplementares superiores, de baixo para cima (Med, 1996).
8   Existem variações de posicionamento das claves - elas podem ser escritas em outras linhas do pentagrama. Na atualidade, o usual é posicionar a clave de Sol na segunda linha, a clave de Fá na quarta linha e a clave de Dó na terceira linha. Em caso de mudança nas linhas das claves, a lógica segue a mesma: a nota indicativa da clave é representada na linha em que a clave está grafada.

uma sequência de notas no Dó central. Abaixo está a sequência de notas na clave de Fá, com o Dó central posicionado no final. Por último, está reproduzida a sequência de notas na clave de Dó, com o Dó central na terceira linha, ao final do segundo compasso.

Partitura 1.6 – As três principais claves e a descrição das alturas de nota em cada uma delas

Dó Ré Mi Fá Sol Lá Si Dó Ré Mi Fá Sol Lá Si Dó

Dó Ré Mi Fá Sol Lá Si Dó Ré Mi Fá Sol Lá Si Dó

Dó Ré Mi Fá Sol Lá Si Dó Ré Mi Fá Sol Lá Si Dó

Os acidentes podem indicar modificações em algumas notas específicas ao longo de uma composição musical; podem se referir também a escalas e tonalidades específicas[9]. Para representar a tonalidade de uma peça musical sem a necessidade de inserir acidentes ao longo de todos os compassos, utiliza-se a **armadura de clave**, uma série de sustenidos e bemóis grafados entre a clave e a fórmula de compasso. As armaduras de clave (Partitura 1.7) representam todas as alterações presentes na música, facilitando

---

9 Como já alertamos, nesta obra não abordaremos aspectos de teoria musical. Para aprofundamento no tema, ver Holst (1998) e Med (1996).

o processo de leitura e escrita, uma vez que não se faz necessário escrever todos os acidentes em cada nota.

Partitura 1.7 - Armaduras de clave e respectivas tonalidades

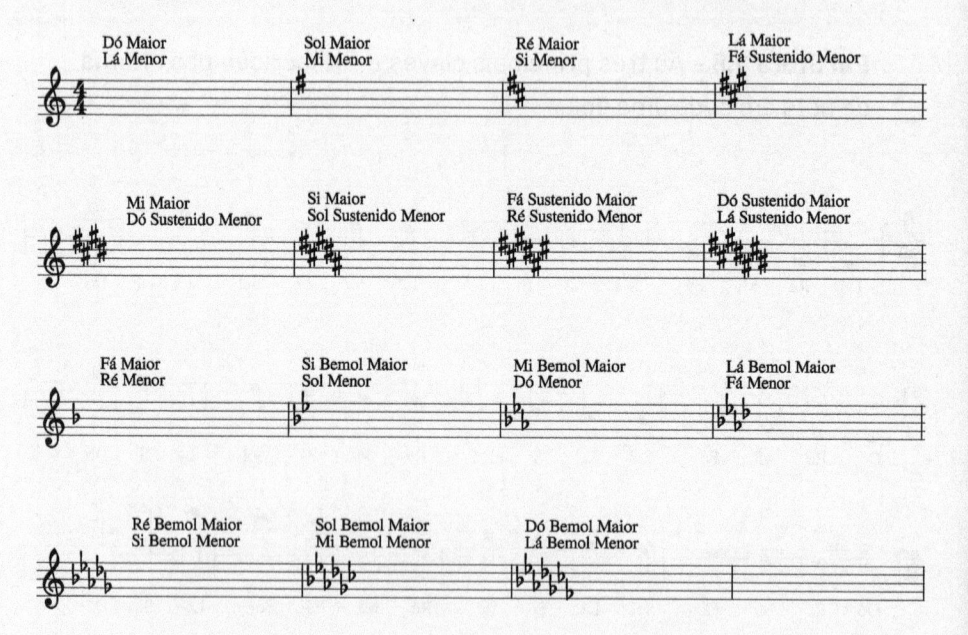

Dó Maior / Lá Menor
Sol Maior / Mi Menor
Ré Maior / Si Menor
Lá Maior / Fá Sustenido Menor

Mi Maior / Dó Sustenido Menor
Si Maior / Sol Sustenido Menor
Fá Sustenido Maior / Ré Sustenido Menor
Dó Sustenido Maior / Lá Sustenido Menor

Fá Maior / Ré Menor
Si Bemol Maior / Sol Menor
Mi Bemol Maior / Dó Menor
Lá Bemol Maior / Fá Menor

Ré Bemol Maior / Si Bemol Menor
Sol Bemol Maior / Mi Bemol Menor
Dó Bemol Maior / Lá Bemol Menor

Com todos esses recursos, pode-se descrever os principais aspectos de uma criação musical em uma partitura, não importando o estilo ou a complexidade da obra. Certamente, existem outros padrões de escrita musical que modificam ou recusam a formalidade da partitura. Entretanto, muitos ainda se baseiam na notação musical tradicional para representar aquilo que se deseja interpretar em uma *performance* musical.

Na Partitura 1.8, aplicamos os conceitos expostos até este ponto de nossa abordagem em um exemplo melódico, para um melhor entendimento de como ler e escrever uma partitura.

Partitura 1.8 – Escala de Dó menor escrita com a armadura correspondente no pentagrama superior (acima) e com os acidentes indicados diretamente na pauta no pentagrama inferior (abaixo)

1.1.4 Exemplo de partitura

Para elucidarmos todos os elementos envolvidos na escrita e na leitura de uma partitura, utilizaremos a canção *Parabéns pra você*, uma melodia popular, de conhecimento público e que, por isso, facilita o entendimento da transcrição da melodia em notação musical. Como mencionado, as alturas de nota e os valores rítmicos não devem ser vistos como elementos individuais na partitura. A leitura de uma música segue nas duas direções, e a rítmica está vinculada diretamente às notas dispostas no pentagrama.

Analisando rapidamente a Partitura 1.9, a seguir, vemos que, logo no começo, são apresentadas a indicação de clave (𝄞), a armadura de clave (Dó Maior) e a fórmula de compasso (³/₄). Por essa razão, podemos afirmar que se trata de uma melodia escrita provavelmente na região média e/ou aguda, sem acidentes na armadura ou nas notas e com compassos ternários, com uma unidade de tempo no valor de semínima. Acima do pentagrama constam as cifras, letras indicando a harmonia.

> **Fique atento!**
>
> Acordes são notas executadas verticalmente e que têm uma relação intervalar entre si. A harmonia é a área da música que estuda a formação e o encadeamento dos acordes em uma composição e/ou arranjo (Holst, 1998).
>
> Reforçamos que, como o objetivo deste livro é introduzir as noções de escrita e leitura musical, não fazem parte de seu escopo as regras e escritas harmônicas, bem como a teoria musical mais avançada.

Diferentemente das notas no pentagrama, as **cifras** indicam a formação de um acorde composto por várias notas simultâneas, e não existe uma indicação de ritmo, apenas o momento do compasso em que o acorde deve ser executado, o que dá liberdade de interpretação ao instrumentista. Abaixo do pentagrama consta a letra da canção, estando cada sílaba escrita abaixo da nota correspondente, a qual deve ser entoada pelo cantor. Ao final, uma barra dupla aponta o encerramento da melodia.

Partitura 1.9 – Partitura da canção *Peixe vivo*, com indicações (setas) dos elementos gráficos presentes em uma partitura

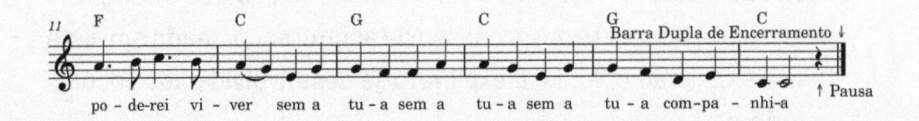

1.2 Tipos de notação musical

A partitura como existe atualmente foi desenvolvida para a notação de uma cultura musical específica, o **cânone musical europeu**, e foi fundamental para consolidar o que hoje se entende por **música ocidental**, considerando-se suas regras e seus estilos. Para haver uma adequação aos diferentes estilos musicais e às proposições criativas dos compositores, diferentes tipos de notação musical surgiram ao longo dos anos. Além disso, sua incorporação por outras culturas levou à geração de novos modelos de escrita com os quais se buscou representar melhor as características musicais de determinada manifestação artístico-musical. Os diversos modelos de notação musical perfazem um tema amplo e impossível de ser explorado com profundidade nesta obra, de caráter introdutório; não obstante, nas próximas subseções, trataremos de alguns desses modelos, tomando como base o exposto em Britannica (2022a).

1.2.1 Adaptações para outras culturas musicais

O sistema musical de **escalas diatônicas e temperadas** e os **valores rítmicos** são elaborados por meio da **sistematização binária** e proporcional dos valores. Ainda que simplificada, essa sistematização ilustra as bases da teoria musical europeia, as quais se difundiram pelo mundo mediante um processo de aculturação, tendo em vista toda a expansão colonial e exploratória desenvolvida nos séculos anteriores.

A assimilação dos elementos da música ocidental em diferentes culturas (bem como o processo inverso, que deu origem a novas maneiras de compor e escrever música no Ocidente) ensejou a criação de novos sistemas de notação com a adaptação da escrita da partitura para as regras musicais de cada cultura.

Atualmente, o sistema de notas em pautas de cinco linhas contém alguns elementos para a grafia dos sistemas escalares nos quais há a utilização de subdivisões menores que um semitom (os microtons), comuns nas culturas árabe e indiana. Também é útil para descrever sistemas de notas que não obedecem a afinações específicas sistematizadas no sistema temperado, como muitos cantos e instrumentos típicos dos povos originários do Brasil e de outras partes do mundo.

> **Curiosidade**
>
> Uma referência que envolve a música dos povos originários do território brasileiro é o projeto Cantos da Floresta: Iniciação ao Universo Musical Indígena, que realiza gravações em áudio e transcrições em partituras adaptadas de músicas dos povos Kambeba, Paiter Suruí, Ikolen Gavião, Kaingang, Krenak, Guarani, Xavante, Yudjá e dos povos do Rio Negro. A proposta é voltada ao ensino musical e cultural em sala de aula (Cantos da Floresta, 2022).

No entanto, tais adaptações foram realizadas já na modernidade e promoveram algumas alterações gráficas sobre o sistema tradicional da partitura, isto é, aproveitam-se de sinais já existentes na partitura tradicional para traduzir sonoridades que originalmente não fazem parte e/ou uso do recurso de notação em partituras, uma vez que a partitura, em sua origem, foi organizada para a lógica musical europeia.

Ademais, os modelos de valores rítmicos foram adaptados para descrever os padrões de duração empregados em músicas de outras comunidades, visto que a lógica de uma pulsação e de uma segmentação rítmica relativa não existe em algumas culturas, nas quais se pode empregar sistemas rítmicos baseados em danças, células rítmicas preestabelecidas, palavras e sons da paisagem sonora do lugar. Todas essas características deram origem a novos sistemas de notação musical que se basearam na partitura convencional ou que negaram essa influência.

De fato, muitos compositores da Europa e das Américas se inspiraram em vários ambientes não ocidentais e no folclore regional para criar suas obras a partir do final do século XIX e durante todo o século XX – veia estética que permanece até hoje. No Brasil, é possível citar o trabalho composicional e de pesquisa realizado por grandes nomes, como Mário de Andrade, que recolheu e compilou diversas canções populares e folclóricas, e de compositores como Heitor Villa-Lobos e César Guerra-Peixe, que exploraram elementos da cultura brasileira em suas obras.

1.2.2 Outros modelos de notação

Como ilustrado pelo caso do *Epitáfio de Seikilos*, a busca por uma forma de escrita que represente o fazer musical não é recente e não se restringe à cultura ocidental europeia. Formas de notação que buscam indicar elementos de *performance* e registro de músicas existem em diferentes formatos e em várias regiões do globo. A escrita em neumas é um exemplo de que outros formatos são possíveis além da partitura. Ainda, a lógica de inserir símbolos sobre letras com o objetivo de representar maneiras e notas para o canto é algo que se observa também na prática do cantar em culturas do Oriente Médio, bem como na Ásia e na África.

Um exemplo é um dos vários formatos de notação criados para o gamelão, um instrumento musical coletivo, típico do Sudeste Asiático, no qual as escalas pentatônicas são representadas por números escritos ao lado das linhas que indicam as notas da escala, e as linhas que ligam as notas simbolizam o "caminho" dos instrumentistas até as notas da escala ou as pausas entre uma nota e outra. Por ser uma prática musical particular de uma cultura específica, com características particulares de execução e interpretação musical, a leitura dessas grafias também está bastante vinculada à maneira como essa comunidade compreende e pratica sua arte musical.

Figura 1.9 – Gamelão

Nota: O gamelão é formado por várias peças percussivas e é oriundo da região que atualmente compreende a Indonésia, a Malásia e a Tailândia.

Partitura 1.10 – Exemplo de escrita gráfica denominada *titlaras rante*, uma das várias maneiras de notação musical utilizadas para gamelão

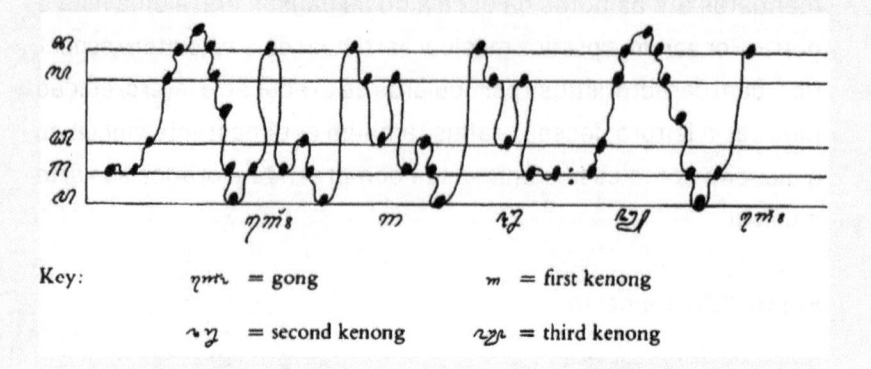

Key: ηᵐⁱ⋎ = gong   m = first kenong
      ⋏ʒ = second kenong   ⋏ʒⱼ = third kenong

Fonte: Hood, 2016, p. 66.

O fato é que uma escrita musical deve transmitir ao intérprete aquilo que se propõe na obra em questão, ou seja, não existem notações melhores ou piores em termos de quantidade ou qualidade de informações. O que importa é que uma partitura tradicional, uma escrita gráfica ou uma representação por meio de letras e números seja compreensível para que a música seja executável e entendível por quem tem o conhecimento para ler o que está representado no papel. Se uma prática musical exige improvisos e execuções coletivas de vários instrumentos aleatoriamente, isso deve estar claro na notação; o mesmo ocorre quando a obra requer precisão nas notas e uma rítmica sem variações além do que está escrito na partitura. Há várias músicas, culturas e meios de se escrever toda essa multiplicidade de sons. A vastidão de possibilidades no mundo da música certamente não fica limitada a um modelo de escrita musical, recurso que igualmente está em constante mutação e evolução ao longo da história.

1.2.3 Notação sem altura definida

A escrita para instrumentos que não obedecem a uma altura definida também recebe uma padronização na partitura convencional. O modelo mais comum ao se escrever para instrumentos percussivos e outros materiais sonoros pouco convencionais na partitura tradicional consiste em criar uma "bula" logo no início do documento, informando ao leitor o significado de cada um dos sinais e elementos gráficos presentes na partitura. A regra de se criar um glossário de sinais para facilitar a interpretação por parte do músico não se aplica somente aos instrumentos de percussão; aliás, várias obras na música moderna fazem uso de técnicas estendidas nos instrumentos e dependem de símbolos criados pelo compositor.

1.3 Notação clássica

Quando se faz menção à notação musical clássica, é muito comum a associação com a música clássica, ou de concerto, já que a escrita musical ocidental foi desenvolvida no contexto em que esse tipo de composição era realizado. A associação entre o gênero musical e a escrita é bastante justificável, pois o termo *clássico* foi adotado tanto para um meio de expressão musical quanto para a partitura utilizada na escrita das obras. No entanto, por mais que a dita *música clássica* tenha indicado os parâmetros para o estabelecimento da partitura moderna, ao mesmo tempo que a escrita musical teve um papel fundamental na formação desse gênero, a notação não é algo exclusivo ou pensado apenas para a escrita de corais, sinfonias e obras instrumentais de concerto, sendo empregada também para canções e músicas populares.

A partitura tradicional, como já assinalamos, tem a finalidade de apresentar graficamente para o músico todos os elementos da execução instrumental ou vocal em uma composição ou arranjo. Variando em graus de determinação ou liberdade de execução, a notação musical tradicional visa traduzir graficamente como a música deve soar para o ouvinte e permitir a transcrição, em um formato prático e eficiente, de todas as ideias do artista responsável. Ainda que muitos gêneros musicais não necessitem de um formato tão preciso de escrita, como a música popular, canções folclóricas, notações educacionais ou algumas escolas composicionais contemporâneas, muitos ainda fazem uso da partitura com alterações, por ser este um modelo de notação que funciona para indicar elementos da música ocidental.

Existem diferentes interpretações e modelos de escrita na partitura clássica, muitas vezes com sinais e formatações criadas pelos compositores para inserir no modelo tradicional elementos até então não existentes na notação. Contudo, de certa maneira, a lógica de leitura das alturas e dos ritmos nos eixos vertical e horizontal, respectivamente, ainda é o padrão estabelecido em todos esses novos modelos. Empregam igualmente sinais de dinâmica e expressão nos espaços acima e abaixo do pentagrama, bem como textos e informações escritas nos espaços fora da pauta, além da indicação de símbolos representativos para técnicas instrumentais próximo às cabeças de nota.

A seguir, na Partitura 1.11, é possível observar uma simplificação da *"Ode an die Freude"*, de Ludwig van Beethoven (1770-1827), presente no quarto movimento da *Sinfonia n. 9 em Ré menor* (Beethoven, 2022), em que a melodia, bastante reconhecida pelo público, está escrita no pentagrama em uma região média-aguda e sem indicação específica de instrumentos ou vozes (logo, sem indicações de técnicas de execução vocal). Abaixo do pentagrama consta a letra original em alemão, com uma divisão silábica regida pela rítmica presente no pentagrama, e acima do pentagrama estão descritos os acordes utilizados pelo compositor na orquestração da composição original.

Partitura 1.11 - Notação homofônica da *"Ode an die Freude"*, de Beethoven, presente no quarto movimento da *Sinfonia n. 9 em Ré menor*

Vale salientar as diferenças entre as texturas musicais, que estão presentes em diversas composições e exigem cuidados específicos para a notação na partitura. As principais texturas musicais são[10]:

- **Monofônica**: uma única melodia executada por um ou vários instrumentos ou vozes.
- **Polifônica**: duas ou mais linhas melódicas relativamente independentes, ainda que, muitas vezes, sejam compostas com relações intervalares e rítmicas entre si.

...
10 Os termos podem ser consultados no dicionário Grove Music Online (2022), incluindo alguns exemplos para cada categoria.

- **Homofônica**: uma melodia que se destaca das outras partes musicais e que tem a função de acompanhar a linha melódica principal.
- **Heterofônica**: diferentes vozes instrumentais ou vocais que buscam uma independência maior entre si, por meio de mudanças rítmicas e de altura.

1.4 Notação de música popular

Assim como a notação clássica, a escrita de músicas populares segue a formatação da partitura tradicional já apresentada. Porém, tendo em vista que muito da *performance* dessas obras depende de improvisos e variações por parte do intérprete, muitos elementos são deixados de lado ou escritos de outra maneira na partitura. Na sequência, apresentaremos alguns métodos utilizados na escrita da música popular e forneceremos exemplos para ilustrar o conceito.

1.4.1 Cifras

A escrita por cifras é bastante comum no registro e na anotação de canções, já que se trata de um modelo que pode contar apenas com a letra e os acordes ou ser combinado com a escrita na pauta convencional. Na cifragem sem o auxílio da partitura, normalmente os acordes são indicados logo acima da sílaba na qual devem ser tocados pelo acompanhante em um instrumento harmônico (violão, piano etc.). A letra da canção é escrita em uma ou mais colunas e dividida pelas estrofes com um espaçamento maior, no qual as cifras são registradas. Esse modelo é bastante utilizado por estudantes e músicos iniciantes para adentrar no mundo da notação musical, assim como na prática instrumental e vocal. Todavia, o modelo de cifras também é usado para anotações e leituras rápidas durante apresentações ao vivo e no registro de autoria de canções. Muito difundida no Brasil por meio de revistas e publicações impressas, atualmente as cifras se encontram disponíveis gratuitamente em várias páginas da internet dedicadas à publicação desse tipo de material, conforme ilustrado na Figura 1.10.

Figura 1.10 – Modelo de cifra da cantiga popular *Marinheiro só*

Marinheiro Só

(Domínio Público)

```
  D           G
  Eu não sou daqui - Marinheiro só
          D
  Eu não tenho amor - Marinheiro só
          A7
  Eu sou da Bahia - Marinheiro só
          D
  De São Salvador - Marinheiro só


              A7
  Ô, marinheiro marinheiro - Marinheiro só
              D
  Ô, quem te ensinou a nadar - Marinheiro só
              A7
  Ou foi o tombo do navio - Marinheiro só
              D
  Ou foi o balanço do mar - Marinheiro só


              G
  Lá vem, lá vem - Marinheiro só
              D
  Como ele vem faceiro - Marinheiro só
              A7
  Vem todo de branco - Marinheiro só
              D
  Com o seu bonezinho - Marinheiro só
```

1.4.2 Tablaturas

No caso de instrumentos de cordas dedilhadas, como violões, alaúdes ou mesmo a brasileira viola caipira, a escrita na partitura musical é possível e respeita um conjunto de regras e padrões para permitir a notação de músicas nesses instrumentos. No entanto, como é de conhecimento de muitos intérpretes que executam instrumentos harmônicos de cordas, a partitura é um recurso pouco prático, e a leitura, ainda que otimizada por diversos sinais, pode ser um pouco mais lenta e difícil. Nessa ótica, a tablatura (Figura 1.11) é um formato de escrita que permite descrever as cordas e as casas dos instrumentos em vez de notas e ritmos.

Figura 1.11 – Exemplo simples de notação na tablatura para violão

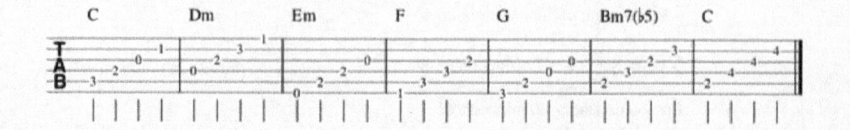

Esse método possibilita fazer uma descrição mais rápida do que deve ser executado no instrumento, ainda que seja menos preciso em certas situações. Algumas tablaturas contam com indicações rítmicas para maior precisão da leitura. Embora existam técnicas que permitam detalhamentos na tablatura, esta não é uma substituta da partitura convencional. Por essa razão, muitas vezes, ambos os formatos são escritos e publicados em conjunto, para uma melhor compreensão do todo.

1.4.3 Instrumentos de percussão

Para a notação de inempregadostrumentos de percussão sem altura definida[11], é utilizada uma clave própria, a clave de percussão (𝄥). Esse sinal não representa uma altura específica no pentagrama ou nos sistemas de linhas simples ou reduzidas[12]. Por não indicar alturas, a clave de percussão pode ser utilizada mais livremente, podendo representar um ou mais instrumentos de percussão em apenas uma pauta, em que uma linha ou espaço se refere a um instrumento e outras linhas e espaços são indicados para outros instrumentos empregados na composição. O timbre representado pela linha ou espaço na pauta deve ser informado previamente pelo editor ou compositor. Mesmo que existam algumas formalizações para a notação de percussão, é importante criar um glossário (ou "bula") para não gerar complicações na interpretação dos sinais. Outro elemento comum na escrita para percussão se refere à utilização de cabeças de notas variadas, com sinais de "X" ou formas geométricas para indicar timbres ou técnicas específicas de execução no instrumento.

A esse respeito, observe, na Partitura 1.12, a seguir, o trecho inicial da parte de bateria da obra *Peter Gunn*, trilha musical original do compositor norte-americano Henry Mancini para uma *big band* de *jazz*, rearranjada pelo também estadunidense Paul Murtha. Perceba as modificações feitas nas cabeças de nota para simbolizar técnicas e timbres específicos da bateria, bem como símbolos de repetição em vários compassos.

...
11 Alguns instrumentos, como a marimba ou o vibrafone, os quais pertencem à família dos instrumentos de percussão, aprecomoentam alturas precisas.
12 Na escrita para percussão, é comum a utilização de apenas uma linha ou uma linha tripla em substituição ao pentagrama tradicional.

Partitura 1.12 – Trecho inicial da parte de bateria da obra *Peter Gunn*

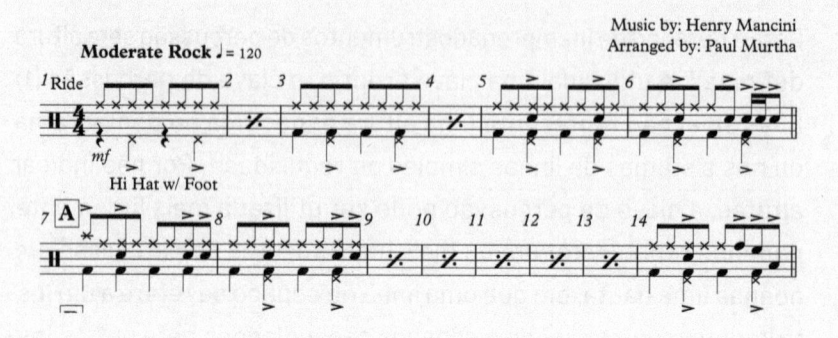

Music by: Henry Mancini
Arranged by: Paul Murtha

Fonte: Murtha, 2021.

1.4.4 Instrumentos harmônicos

Em música popular, muitos instrumentos harmônicos são utilizados apenas como acompanhamento ou base para um solo. Assim, a escrita para tais grupos guarda certas peculiaridades. Alguns compositores utilizam a escrita tradicional com todos os valores rítmicos e de altura descritos com precisão em toda a partitura, tal como se observa na notação clássica. Entretanto, o método de cifragem é um dos recursos mais utilizados em música popular, uma vez que nele se indicam exatamente os acordes e as modificações que possam ser utilizadas pelo compositor ou arranjador (inversões, dissonâncias etc.) de maneira rápida e dinâmica. Em alguns casos, o responsável pela obra deseja imprimir alguma exatidão nas transcrições, já que a cifra ou a tablatura podem não indicar elementos que exijam precisão no momento, como a rítmica ou o "desenho" correto do acorde. Para isso, existem alguns recursos que conferem maior precisão à execução musical e, ainda, facilitam o processo de escrita da partitura (Almada, 2000).

Nas Partituras 1.13 a 1.16, apresentamos exemplos dos modelos de escrita para instrumentos harmônicos.

Partitura 1.13 – Sinais de repetição de compasso ou notas

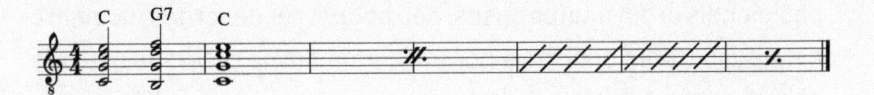

Partitura 1.14 – Acordes porém cifrados com a linha da ponta ou do baixo

Partitura 1.15 – Sistema de 11 linhas ou pauta dupla

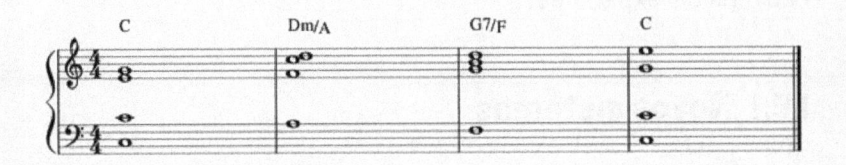

Partitura 1.16 – Cifras com linha da ponta e indicação rítmica

1.5 Notação expandida

Assim como diversas culturas musicais desenvolveram métodos de notação específicos para representar sonoridades que lhes são próprias, alguns compositores criaram escritas e partituras particulares. De algum modo, estas simbolizam suas aspirações composicionais e, em muitos casos, não podem ser descritas mediante a notação tradicional, seja por utilizarem novos recursos que não cabem nesse tipo de escrita, seja por questionarem a "lógica restritiva" da partitura e promoverem uma maior liberdade ou abertura no processo de composição e *performance* musical.

As partituras expandidas encontradas na música da atualidade não necessariamente obedecem a regras estabelecidas como nas partituras tradicionais, uma vez que muitas são desenvolvidas para apenas uma única obra ou representam técnicas particulares criadas por um compositor ou escola de composição. Na sequência, apresentaremos alguns dos novos formatos encontrados na notação musical expandida.

1.5.1 Novos sistemas

Muitos compositores fizeram uso dos sinais e formatos consagrados na partitura tradicional, como o sistema de pentagrama, claves e figuras rítmicas. O que se transforma nessas novas partituras é a maneira como os sinais podem ser lidos pelo músico e a proposição de novos símbolos e de uma ordem de leitura das grafias sonoro-musicais. As novas proposições gráficas e de leitura podem modificar a ordem de leitura dos elementos gráficos, contar com novos símbolos, contemplar uma divisão diferente do tempo musical ou permitir a liberdade de escolha dos locais de leitura por parte do intérprete. Em suma, trata-se de uma mudança não dos elementos da partitura tradicional, mas da maneira como esta é interpretada e executada em uma apresentação.

Um exemplo desse tipo de estruturação é a obra *Tarantos* (Partitura 1.17), do compositor cubano Leo Brouwer (1939-), em que o violonista dispõe de uma partitura de três páginas, sendo a primeira constituída por vários enunciados (pequenas células com diferentes estruturas rítmicas e de altura) e as outras duas por falsetas (trechos musicais que ocupam uma linha do sistema cada uma). O instrumentista deve sempre executar um enunciado seguido de uma falseta, nenhuma das estruturas pode ser repetida, e a ordem de execução é livre, decidida pelo próprio violonista no momento da apresentação.

Partitura 1.17 – Parte da primeira página da partitura da obra *Tarantos*[13], de Leo Brouwer

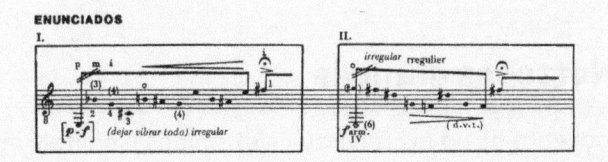

Fonte: Brouwer, 2015.

Outra obra que não modifica somente a ordem de leitura da partitura, mas também a organização dos elementos no papel,

---

⋯
13 Para conferir a obra completa, consulte: <http://ployvaultcat.blogspot.com/2015/08/leo-brouwer-tarantos-wulfin-lieske_7.html>. Acesso em: 1º jul. 2022.

transformando a partitura em uma obra gráfica, é a *Serenata per un satellite*[14], do compositor italiano Bruno Maderna (1920-1973), escrita para um conjunto de câmara composto de flauta (ou flautim), oboé, clarinete, violino, violão (ou bandolim), harpa e marimba. O grupo pode ser subdividido de qualquer maneira ou mesmo cada instrumento pode seguir uma execução própria, em que o instrumentista lê cada um dos módulos dispostos no papel e caminha de acordo com suas escolhas no momento da *performance*. Os caminhos de leitura e execução são livres, desde que a *performance* geral da obra obedeça a um tempo variável entre 4 e 12 minutos. Nenhuma das células e caminhos apresenta um começo ou fim; logo, os instrumentistas decidem onde começar e encerrar sua participação.

Existem diversos modelos e obras musicais que expandem o conceito tradicional da partitura, muitas vezes desconstruindo a notação musical a ponto de substituir os conceitos de notas e ritmos por elementos gráficos mais "imprecisos" ou por descrições textuais do que deve ser executado no instrumento.

1.5.2 Notações gráficas

Com o advento de novos recursos eletrônicos e digitais que permitiram o uso de novas técnicas de composição, em conjunto com a expansão dos modelos composicionais que extrapolam as notas e os ritmos e exploram a indeterminação, novos modelos de notação que representem esses sons começaram a ser desenvolvidos. Como exemplo, observe a Figura 1.12, que mostra a partitura da obra *A dialética da praia*, do brasileiro Flo Menezes (1962-), para

...
14 Para conferir a obra, consulte: <https://bibliolmc.ntv31.com/node/1076>. Acesso em: 20 jul. 2022.

percussão e eletroacústica. A parte eletrônica da peça consiste em uma gravação em estéreo que deve ser executada simultaneamente com a *performance* instrumental dos percussionistas. Assim, o compositor insere na partitura uma "notação gráfica" no primeiro sistema representando os sons eletrônicos, além de explorar novos formatos de escrita para os instrumentos de percussão.

Figura 1.12 – *A dialética da praia*, de Flo Menezes

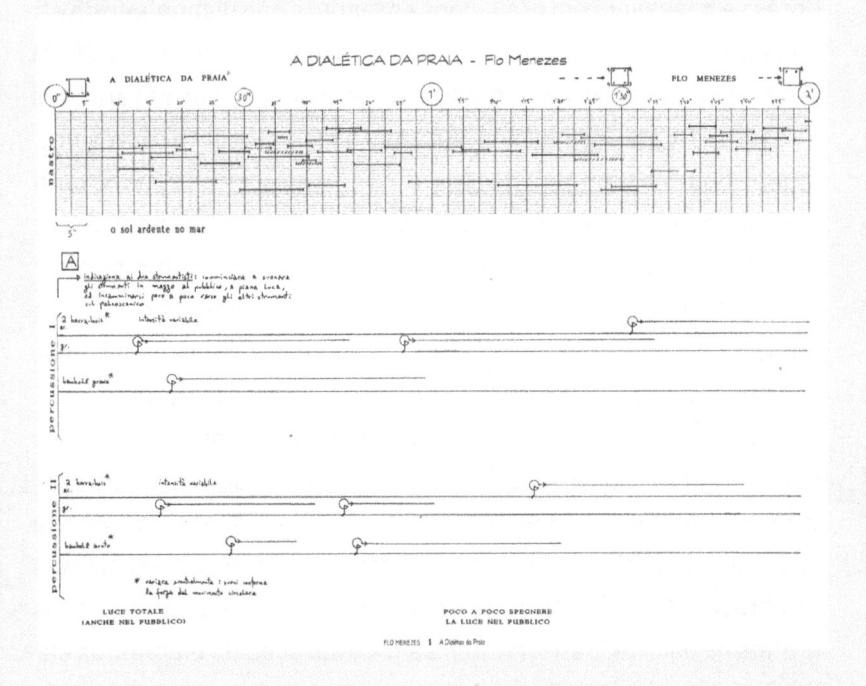

Fonte: Menezes, 1993, p. 9.

A música eletroacústica é uma das vertentes composicionais que surgiram no século XX para explorar novas sonoridades e timbres criados por meio da manipulação de áudios gravados em diversas fontes ou da transformação dos sons instrumentais mediante recursos tecnológicos. Criadas nas décadas de 1940 e 1950, na França e na Alemanha, respectivamente, a música concreta e a música eletrônica começaram a se valer da manipulação sonora de sons gravados, organizá-los em uma ideia composicional e criar timbres fazendo uso de aparelhos e sintetizadores em laboratórios especializados. Consequentemente, as novas sonoridades fugiam do que a partitura convencional era capaz de representar, uma vez que tais obras se baseavam em gravações em áudio e não dispunham de afinações e rítmicas presentes na música instrumental (Fritsch, 2013). Para representar as novas possibilidades sonoras, vários formatos de escrita foram desenvolvidos, sendo o mais comum a representação gráfica dos timbres e do tempo cronometrado dos sons na obra.

Com o estabelecimento da música eletroacústica e das novas técnicas buscadas pelos compositores ao longo dos últimos anos, as partituras gráficas se tornaram parte não somente da representação de sonoridades eletrônicas, mas também de novas técnicas instrumentais e formatos na composição contemporânea.

Para além da música eletroacústica e dos sistemas gráficos que buscam simbolizar a sonoridade gerada pelos recursos eletroeletrônicos, muitos compositores expandiram o processo de escrita instrumental e criaram formatos de notação, como visto na partitura da obra *A dialética da praia*. Um exemplo em que se recorre a novas grafias na escrita instrumental, sem a utilização de elementos eletroacústicos, é a obra *Onze*, do compositor brasileiro Marco Antônio Guimarães (1948-). A peça, composta para percussão, mas de instrumentação livre, faz uso de figuras geométricas para sinalizar tempos rítmicos que devem ser executados pelos músicos, sendo cada figura rítmica definida pela quantidade de "lados", isto é, o instrumentista segue a quantidade de "lados" da figura e executa um acento sempre que se muda para uma próxima figura (três tempos em um triângulo, um tempo no círculo, quatro tempos no quadrado etc.). Cada "bloco" tem 11 tempos representados pelas figuras geométricas. Assim, cabe aos músicos decidir como realizar o acento de mudança de cada figura geométrica ou "bloco" de 11 tempos (com outros timbres instrumentais realçando as mudanças, ou seja, um acento mais forte em cada um dos tempos fortes etc.). As figuras pontilhadas indicam pausas, e as dinâmicas seguem a grafia convencional da partitura (Campos, 2019).

1.5.3 Improviso e indeterminação

Questionar a partitura como modelo para a composição musical é um dos fatores criativos considerados por muitos compositores na música atual. Ainda que a indeterminação exista em algumas notações modernas, a ideia de se guiar a *performance* passa a ser polemizada por alguns artistas. O improviso, já existente no *jazz* e em outros gêneros da música popular, constitui-se em uma maneira de direcionar a *performance* com relativo controle, mas mantendo a ideia estrutural da música e fazendo uso de sistemas de notação como cifragem de acordes, escalas ou "desenhos" de acordes em instrumentos harmônicos.

Muitos compositores, como o estadunidense John Cage (1912-1992) ou o alemão Karlheinz Stockhausen (1928-2007), desenvolveram técnicas da chamada *música aleatória* ou *música indeterminada*, em que algumas indicações generalistas são apresentadas aos intérpretes, que podem executar os sons de acordo com sua interpretação dos "ativadores" presentes na escrita. Tais formatos propositalmente não delimitam notas, tempos, ritmos, timbres ou a formação instrumental da peça (Bennett, 1986).

Um exemplo é a série *Aus den sieben Tagen*[15], de Stockhausen, em que se apresentam indicações de texto e figuras que podem ser tocadas pelos músicos subjetivamente, isto é, de acordo com a interpretação dos elementos constantes na obra.

Síntese

Para finalizar este capítulo, a seguir, recapitulamos esquematicamente os conteúdos apresentados:

- Partitura e escrita musical
  - Histórico
  - Lógica
  - Escrita
  - Leitura
- Tipos de notação
  - Partitura clássica
  - Música popular
  - Adaptações culturais
  - Instrumentação diversa
- Expansão da escrita musical
  - Partituras não lineares
  - Notações gráficas
  - Improvisação
  - Aleatoriedade
  - Inovação da escrita

...
15 Para conferir a obra, consulte: <https://musik-kreativ-plus.eu/teaching-modules/neue-musik-komponieren/unbegrenzt-musizieren/>. Acesso em: 20 jul. 2022.

Indicações culturais

Sites para busca de partituras:

- SESC PARTITURAS. Disponível em: <https://sescpartituras.sesc.com.br/#/sescpartituras/home>. Acesso em: 30 maio 2022.

- DOMÍNIO PÚBLICO. Disponível em: <http://www.dominiopublico.gov.br>. Acesso em: 30 maio 2022.

- MUSICA BRASILIS. Disponível em: <https://musicabrasilis.org.br/>. Acesso em: 30 maio 2022.

- IMSLP. Disponível em: <https://imslp.org/wiki/Main_Page>. Acesso em: 30 maio 2022.

- HOOKPAD. Disponível em: <https://hookpad.hooktheory.com/>. Acesso em: 30 maio 2022.

Atividades de autoavaliação

1. Como é realizada a notação por meio de neumas?
   a) Trata-se de um sistema de três linhas paralelas, formas geométricas e cores.
   b) Com linhas e pontos indicando variações de altura sobre a letra da música.
   c) Com letras representando acordes sobre as letras da canção.
   d) Com gráficos, linhas paralelas e traços entre as linhas.
   e) Em uma pauta de quatro linhas com cores e formas rítmicas.

2. Assinale a alternativa que apresenta os nomes de todas as notas musicais, de acordo com Guido d'Arezzo:
   a) Ut, Ré, Mi, Fá, Sol, Lá e Si.
   b) Dó, Ut, Ré, Mi, Sol, Lá, Si.
   c) Sustenidos e Bemóis.
   d) Ut, Ré, Mi, Fá, Sol, Lá.
   e) Dó, Ré, Mi, Fá, Sol, Lá, Si.

3. Como funciona a subdivisão das figuras rítmicas?
   a) O metrônomo mostra como tocar todos os ritmos. Basta inserir a partitura completa no aparelho e ele os dita.
   b) Não existe uma divisão rítmica clara, já que apenas as letras e as cifras são dispostas na escrita moderna.
   c) A semibreve representa um valor inteiro, e as notas subsequentes são indicadas pela quantidade de valores que correspondem ao mesmo "tamanho" de uma semibreve.
   d) Classifica-se uma nota como inteira, e as outras são sempre a metade ou um quarto do valor da primeira, não importando onde se inicie a contagem.
   e) O ritmo é um valor fixo. Existem células prontas que demonstram todas as possibilidades de ritmos da música ocidental, e cada uma tem um nome.

4. Como realizar a leitura das notas no pentagrama?
   a) Por meio das cifras presentes acima das cabeças de nota. Elas reforçam a nota presente na pauta.
   b) Interpretando-se cada clave como uma escala. Todas as linhas representam as notas da escala, e os espaços são as outras notas.

c) Assumindo-se que apenas as linhas do pentagrama são usadas. Cada linha representa uma nota, e cada clave tem um número limitado de notas que pode representar.
d) Verificando-se uma letra indicativa e escrita logo acima da figura rítmica.
e) Assumindo-se que a cabeça de nota posicionada em uma das cinco linhas, em um dos quatro espaços ou em uma das linhas suplementares do pentagrama indica a nota de acordo com a clave presente no início da pauta.

5. Em que se constitui uma notação expandida?
    a) Apenas representações de músicas não ocidentais.
    b) A expansão das notas musicais para além das 12 existentes na escala cromática.
    c) Ritmos acima de uma semifusa.
    d) Vários modelos de partituras que podem indicar ordens alternativas de leitura, indeterminações rítmicas e de altura, bem como representações de sons e ruídos eletroacústicos etc.
    e) Todas as notas que ultrapassam as cinco linhas do pentagrama.

Atividades de aprendizagem

Questões para reflexão

1. Como mencionado neste capítulo, diversas culturas e compositores desenvolveram métodos próprios para a escrita musical, para além do que se conhece como *partitura*. Busque acompanhar transcrições de músicas tradicionais e/ou experimentais para partituras e faça anotações e ressalvas enquanto escuta as respectivas obras. Você acredita que é possível adaptar qualquer

música para a escrita na partitura? Quais outras maneiras você imagina serem úteis para a notação de música?

2. O processo de leitura e compreensão da escrita musical em partituras depende de um caminho de estudos e de prática de leitura. Uma das melhores maneiras de adquirir fluência é escutar obras musicais enquanto se leem as respectivas partituras. Comece com peças para instrumentos solo e vá aumentando a instrumentação gradativamente. Após as primeiras escutas, quais foram as principais dificuldades? Você conseguiu perceber a relação entre o que estava escrito e o que foi executado?

Atividade aplicada: prática

1. Para aprender a redigir uma partitura e desenvolver velocidade de leitura, é preciso praticar ambas as atividades constantemente. Assim como aprender um novo idioma exige um contato diário com a nova língua, a partitura musical exige comprometimento com o estudo desse tipo de notação.

   Faça uma pesquisa em páginas de internet e livros de teoria musical, selecione algumas partituras e reescreva à mão as melodias e os arranjos em um caderno pautado, sempre mentalizando ou dizendo em voz alta cada nota e ritmo que está transcrevendo. Em seguida, leia em voz alta o que escreveu, cante as melodias com o acompanhamento de um violão ou teclado ou, simplesmente, fale o nome das notas no tempo rítmico correto. Repita esse processo várias vezes e sempre procure transcrever partituras mais elaboradas todas as vezes em que sentir que um tipo de música já está lhe parecendo fácil ou não está promovendo um maior desenvolvimento da leitura e escrita musical.

Capítulo 2
EDITORAÇÃO MUSICAL NA CONTEMPO-RANEIDADE

O processo de editoração de partituras na atualidade envolve uma grande gama de atividades e possibilidades que não se limitam à escrita tradicional de partituras. Não que o modelo de partitura seja algo diferente do que se observa nos livros didáticos ou em aulas de teoria musical de conservatórios e escolas de música. Embora a música na contemporaneidade proponha inovar nos procedimentos de escrita musical, muitas vezes incorporando novos tipos de escrita, a partitura como a conhecemos ainda é um padrão na música ocidental e serve como base da notação musical.

Cabe observar que os formatos de escrita se modificam de acordo com a finalidade da obra a ser editada. Muitas vezes, a formatação é pensada para publicações específicas, como obras didáticas, imagens para páginas na internet ou materiais distribuídos para apresentações musicais e registros de direitos autorais. Assim, as possibilidades também se expandem para o mercado profissional, em que a função de um editor pode ser variada e compreender o uso de metodologias de escrita musical com ferramentas e recursos atuais.

Neste capítulo, exploraremos as diferentes maneiras de se trabalhar com obras musicais escritas. Abordaremos as profissões de copista e arquivista, que são essenciais no meio musical, dedicando-se à edição e à organização de partituras musicais, bem como a prática da editoração em outros ramos profissionais, como a educação musical, a composição e os registros de autoria. Além disso, examinaremos algumas plataformas existentes para a editoração musical via *softwares* de computador, pois se trata, atualmente, de um conhecimento quase obrigatório para qualquer pessoa que esteja envolvida na área de música.

2.1 Redação, edição e impressão de partituras

Com a popularização dos computadores pessoais e as novas ferramentas digitais para a escrita de partituras, além de novos procedimentos e possibilidades no meio musical, é possível imaginar que uma carreira profissional e todas as técnicas manuais e burocráticas que envolvem a editoração e a publicação de obras musicais sejam fenômenos ultrapassados. Entretanto, essa é uma visão um pouco equivocada no que se refere à ocupação de transcrever, editar, analisar e corrigir publicações de escrita musical. As novas possibilidades técnicas e tecnológicas não substituíram tais ocupações, mas as transformaram e incrementaram as oportunidades de carreira para músicos e artistas profissionais.

Assim como a notação musical tem uma história, em que a partitura foi se desenvolvendo no Ocidente até se tornar o que entendemos hoje como escrita musical padrão, a relação dos músicos com a publicação das obras também se modificou ao longo dos séculos. Em períodos anteriores à criação da prensa, ou seja, à popularização da impressão e à possibilidade de copiar e distribuir partituras em larga escala, as músicas eram todas escritas e copiadas à mão, o que dificultava e inviabilizava a distribuição das composições em larga escala. Nesse contexto, uma carreira profissional surgiu da demanda de se transcrever partituras, permanecendo até os dias de hoje: a do copista de músicas. Essa é uma tarefa muitas vezes executada por estudantes ou músicos de conjuntos, mas que também se tornou uma profissão regular no âmbito da arte musical em diferentes aspectos e formas de trabalho.

> **Curiosidade**
>
> A segunda obra a ser impressa na prensa de tipos móveis criada por Johannes Gutenberg (ca. 1400-1468) foi o texto denominado *Mainz Psalter*, entre os anos de 1453 e 1455, que continha textos e notações musicais. A primeira obra polifônica impressa na prensa móvel foi *Harmonice Musices Odhecaton A*, publicada pelo editor italiano Ottaviano dei Petrucci (1466-1539) no ano de 1501 (Britannica, 2022b; Royal Collection Trust, 2022; Remião, 2018).

Mesmo com o advento da prensa, em meados do século XV, e com as possibilidades modernas de fotocópias e registros digitais de músicas, a função de um copista continuou existindo ao longo dos anos, como exemplificado na Figura 2.1, e mantém-se até a atualidade. Compositores e arranjadores recorrem a editores profissionais para reescrever suas partituras de maneira profissional, melhorando aspectos técnicos da escrita, corrigindo possíveis erros e digitalizando a notação musical para fins de registro e execução. Grupos musicais como orquestras e bandas contam com copistas responsáveis por transcrever as partes instrumentais de obras escritas para conjuntos, bem como por separar a linha instrumental individual em edições nas quais tais partes não estejam disponíveis.

> **Fique atento!**
>
> Segundo a Enciclopédia Itaú Cultural, um copista é um profissional que "reproduz obras de outros artistas, sejam pinturas, desenhos, esculturas ou livros. Também se refere aos profissionais que trabalham com arquivos musicais, fazendo cópias, transposições ou codificações e resumos de partituras que serão executadas

> por músicos de uma orquestra ou conjunto. No passado, antes da invenção da imprensa por Gutenberg, o copista era responsável por copiar caligraficamente manuscritos de todos os tipos e continuou atuando nos séculos XVIII e XIX por causa dos textos proibidos, sobretudo pela Igreja, que não eram impressos de forma mecânica, mas reproduzidos manualmente e distribuídos de maneira clandestina"(Copista, 2015).

Figura 2.1 – Anúncio de serviços de copista e edição musical publicado no Brasil em meados do século XIX

Copistarias de Musica.

Antonio Luiz de Moura & Henrique Alves de Mesquita (Lyceu Musical e Copistaria), praça da Constituição, 79, do lado do Club.
Bento Fernandes das Mercês, copista da Capella Imperial, praça da Constituição, 17 e 19.
Francisco Manoel Chaves, r. do Cano, 193.
Theotonio Borges Diniz, r. Nova do Conde, 17, sobrado, cantor da Capella Imperial, e de varias igrejas, compositor e copista de musica de canto-chão, &c.

Nota: Anúncio originalmente publicado em: LAEMMERT, Eduardo. **Almanaque Administrativo, Mercantil e Industrial da Corte e Província do Rio de Janeiro para o ano de 1854.** Rio de Janeiro: Eduardo e Henrique Laemmert, 1854. p. 521.

Fonte: Iansen, 2016.

Portanto, a função do copista ainda é requerida na editoração musical contemporânea. Assim como a já citada tarefa de separar as partes de uma grade instrumental, um editor de partituras pode exercer atividades relacionadas à:

- publicação de obras musicais em livros e materiais impressos especializados;
- atualização e manutenção de acervos de obras em editoras e empresas especializadas em publicações e aluguéis de

partituras para execução pública por parte de orquestras e conjuntos instrumentais;
- edição de materiais musicais didáticos;
- transcrição e formatação de partituras para registros de direitos autorais e catalogação de autoria para composições e arranjos (uma vez que, para o registro de obras musicais, em muitos casos, é necessária a transcrição em partituras ou em outros formatos legíveis).

Importante!

No Brasil, o registro de autoria de músicas pode ser efetuado em associações de representação de classe ou diretamente na Biblioteca Nacional. Neste último caso, o autor recebe uma certificação de registro da obra, o que corresponde a uma certidão de autoria e proteção dos direitos de autor (BN, 2022).

Atualmente, um copista deve se manter atualizado e conhecer profundamente as ferramentas dedicadas à editoração musical disponíveis, bem como saber manusear com precisão os *softwares* da área. Ainda mais importante para esse profissional é reconhecer as diferentes *nuances* nos processos de escrita musical, desde a leitura de partituras tradicionais até os formatos inovadores de notação usados na música contemporânea e em criações sonoras experimentais, como no exemplo a seguir (Partitura 2.1), da obra *Trenodia para as vítimas de Hiroshima*, do compositor polonês Krzysztof Penderecki (1933-2020), que faz uso de um sistema bastante particular de notação musical. O autor explora sonoridades expandidas nos instrumentos de corda e transcreve essas técnicas em partituras gráficas, com recursos diferentes dos comumente observados em notações musicais convencionais

Partitura 2.1 – Trecho da obra *Trenodia*, de Krzysztof Penderecki

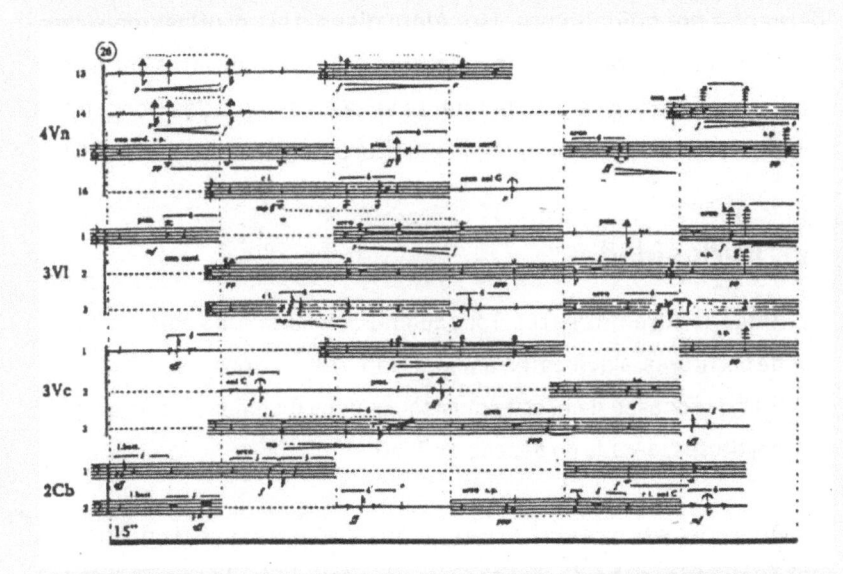

Fonte: FWC12, 2015.

Assim como a escrita e a edição de partituras constituem uma ocupação possível para músicos profissionais, a impressão, a catalogação e o armazenamento desses arquivos também configuram uma profissão comum no meio artístico musical: a do arquivista. Os profissionais dessa área registram e organizam publicações realizadas por editores e copistas. Em vários casos, são funcionários de casas de concerto, orquestras, teatros ou emissoras de rádio e televisão, órgãos que costumam manter um arquivo extenso de partituras. Da mesma forma que os copistas, os arquivistas de música devem ter um repertório sólido sobre escrita musical e treinamento em editoração de partituras via *software*. No entanto, diferentemente de uma publicação, o registro e o armazenamento dessas obras são voltados para locais que guardam um acervo próprio o qual demande um cuidado preciso. Além disso, tais profissionais também se ocupam do manuseio de obras que têm direitos fechados de execução e impressão e, muitas vezes, são tocadas por grupos musicais mediante o aluguel de partituras e partes instrumentais.

Curiosidade

Antes do advento dos recursos computacionais para a editoração de partituras, algumas ferramentas foram desenvolvidas para facilitar o processo de escrita musical, como a máquina de escrever partituras, datada da década de 1950.

Ao se pensar na escrita, na edição e na impressão de partituras na atualidade, cabe destacar a grande variedade de possibilidades de aplicação dessas funções, que abrangem desde a publicação em materiais didáticos até a preservação de acervos. Tais atividades, que surgiram séculos atrás, continuam presentes e em constante inovação. Como exemplos, podemos citar atuações específicas: publicação de obras originais por editoras especializadas, incluindo editoras universitárias que se propõem a divulgar novos compositores e materiais educacionais; manutenção de arquivos em teatros e bibliotecas que se ocupam de registrar obras originais (a exemplo da Biblioteca Nacional) ou em outras instituições que possuem um acervo acumulado ao longo dos anos e demandam uma catalogação precisa realizada por músicos profissionais; divulgação de partituras em páginas dedicadas ao acesso facilitado dessas obras para músicos e estudantes; atualização de partituras já publicadas e materiais didáticos para escolas e conservatórios; preservação e digitalização de acervos históricos, o que constitui um trabalho duplo de armazenamento especializado e catalogação desse tipo de material; atualização de partituras por meio de uma editoração contemporânea mediante *softwares* de escrita musical para apresentações públicas de obras musicais históricas, entre outras. Na sequência, comentaremos alguns desses casos.

> **Indicações culturais**
>
> Várias instituições se dedicam a descobrir, armazenar com os devidos cuidados, restaurar e distribuir digitalmente partituras encontradas em acervos históricos. Como exemplo no Brasil, podemos mencionar o trabalho realizado pelo Museu da Música de Mariana, uma das referências no estudo e na conservação de composições elaboradas no período colonial brasileiro.
>
> MUSEU DA MÚSICA DE MARIANA. Disponível em: <http://www.mmmariana.com.br/>. Acesso em: 14 out. 2021.

2.2 Editoração musical particular ou artística

É fato que muitos compositores e arranjadores ainda utilizam cadernos pautados e a escrita à mão em seu processo criativo, herança talvez de muitos anos de estudos formais em conservatórios e escolas de música. Ainda que o treino em leitura e escrita musical manual seja defendida por muitos músicos e professores e, certamente, seja algo bastante válido e presente nos dias de hoje, é razoável assumir que a escrita musical mediante ferramentas digitais também é uma prática já estabelecida e formalizada no meio musical. As novas tecnologias de editoração não substituíram os antigos modelos de escrita, mas facilitaram o processo e estabeleceram formatações já reconhecidas como um padrão em publicações de partituras.

Diante do fácil acesso aos *softwares* de editoração musical, sendo alguns distribuídos gratuitamente para os usuários, muitos músicos migraram seu processo de criação do papel para a tela. A despeito disso, a formatação e a sistematização da escrita para publicações formais ainda dependem de copistas e editores profissionais, que, muitas vezes, complementam o trabalho do artista. Não raramente profissionais da edição de partituras recebem materiais escritos à mão para serem digitalizados e viabilizados para conjuntos e instrumentistas executarem tais obras em concertos e apresentações.

A editoração de partituras pessoais e para apresentações artísticas não necessariamente exige o mesmo cuidado observado em publicações profissionais; ela obedece muito mais aos anseios criativos do músico que utiliza a escrita como forma de promoção de suas obras. Contudo, tendo em mente que a publicação de partituras musicais é também um meio de alcançar um maior público e ter obras executadas por mais grupos e instrumentistas, é recomendável conhecer e saber manusear os *softwares* para editoração musical mesmo em trabalhos pessoais. Realizar uma boa notação viabiliza e agiliza a publicação de composições e arranjos originais nos meios especializados por editoras universitárias, livros e coletâneas de obras musicais.

2.3 Editoração musical comercial

Antes de comentarmos os desdobramentos possíveis no meio profissional da editoração musical, temos de esclarecer o que é uma editora musical e quais são suas funções. Em uma análise rasa, uma editora apenas realiza a escrita em meios computacionais e formata uma partitura para publicação e venda por meio de livros, coletâneas ou arquivos digitais. Todavia, investigando-se com mais profundidade como funciona uma publicação editorial em música, nota-se que uma editora tem um papel bem mais complexo do que simplesmente o de redigir e publicar uma obra.

Para examinarmos os pormenores da publicação de músicas, precisamos distinguir as editoras e as associações de gestão coletiva em música. Existe uma diferença legal entre registrar e certificar a autoria de uma obra musical, incluindo a autorização de uso em diferentes ocasiões, e gerir todo o recolhimento de direitos autorais e de exibição de composições musicais quando há valores monetários envolvidos na reprodução. A função de uma associação ou sociedade de gestão é, justamente, recolher e redistribuir todos os valores movimentados por uma obra musical devidamente registrada e com autoria determinada. Logo, uma editora faz a publicação e o registro, ao passo que as associações realizam o trabalho de acompanhamento e recolhimento de direitos autorais das músicas[1]. Tendo isso em mente, é possível compreender melhor como funcionam as edições de músicas no meio comercial.

> **Indicações culturais**
>
> Leia a reportagem indicada a seguir, em que são apontados problemas nas publicações das obras para violão de Heitor Villa-Lobos pela editora parisiense Max Eschig, detentora dos direitos de publicação das obras do compositor.
>
> PERPETUO, I. F. Brasileiro grava integral para violão de Villa-Lobos. **Folha de S.Paulo**, 14 maio 1997. Ilustrada. Disponível em: <https://www1.folha.uol.com.br/fsp/1997/5/14/ilustrada/27.html>. Acesso em: 30 maio 2022.

De fato, os primeiros trabalhos de uma editora profissional consistem em realizar a editoração de uma partitura, formatar o documento para publicações em diferentes meios, revisar todo o material para evitar erros de escrita e problemas de formato e promover a publicação com os devidos registros oficiais e trâmites legais que envolvem esse tipo de processo. Para tanto, as editoras contam com uma equipe profissional de copistas, revisores, arquivistas e editores, que se ocupam dessas questões no lugar do compositor, o qual, para ser representado por uma editora, deve conhecer e aceitar os termos de contrato propostos pela empresa em questão.

...
1 Para compreender melhor a relação entre as editoras e as associações de gestão coletiva, é possível consultar as páginas das sociedades presentes no Brasil, como a União Brasileira de Compositores (UBC) ou a Associação Brasileira de Música e Artes (Abramus). Para saber mais, ver Pereira (2017) e Abramus (2022).

Vale ressaltar que, no Brasil, como já assinalamos, esse tipo de registro de autoria também pode ser efetuado pelo autor por meio do órgão público responsável – a Biblioteca Nacional. No entanto, para isso, ele deve submeter seu trabalho devidamente editado e formatado, uma vez que a instituição apenas realiza o registro, e não a editoração. Nesse caso, muitas editoras e empresas também oferecem o serviço de redação de partituras nos moldes corretos para apresentação no órgão público responsável pela formalização de autoria.

Após todo o processo de editoração, é preciso publicar as obras em revistas, almanaques, coletâneas, livros ou mesmo páginas de internet e publicações digitais em formato *e-book*. Nesse contexto, a editora também é responsável pela formatação e pelos registros dessa publicação em específico, que contam com números de série e certidões próprias que certificam a publicação, dados fundamentais para citações e triagem de impressões dessas obras. Vale, então, diferenciar as atividades: a publicação em si não é um registro de autoria, mas a distribuição material de uma obra já certificada, e ambas as funções competem a uma editora de música profissional.

Vale observar, ainda, que tais publicações podem funcionar como uma salvaguarda para exibições públicas, tendo em vista que muitas composições são administradas por editoras que não vendem uma publicação da obra, mas realizam as edições das grades e das partes instrumentais e alugam as partituras para que os grupos façam a apresentação. O papel das editoras é manter a qualidade da escrita e ajustar todas as partituras para orquestras e outros grupos instrumentais e vocais, o que demanda um trabalho preciso de revisão e escrita de tais partituras, as quais podem sofrer reedições específicas a depender do tipo de apresentação. Portanto, cabe à editora manter a qualidade da obra para que sua utilização seja viável pelos instrumentistas, que, não raramente, também questionam a qualidade e a exatidão de uma partitura.

Ademais, é função de uma editora de música administrar comercialmente todo tipo de divulgação, exibição e direitos autorais de uma composição. Logo, compete a essa empresa veicular as obras que estão sob sua jurisdição em todos os tipos de mídias e formatos em que tais obras possam ser exibidas, a exemplo de trilhas sonoras para cinema, emissoras de rádio, apresentações em televisão, inclusão em discos, coletâneas, vídeos comerciais, entre outras possibilidades. Portanto, as editoras licenciam os direitos das obras para reprodução e armazenamento em meios mecânicos (discos e outras mídias fonográficas) ou digitais (hoje muito representados pelos sistemas de *streaming*).

Compreender o regramento do mercado de editoração e publicação de música é fundamental para qualquer pessoa que queira profissionalizar-se na área, na condição de intérprete, compositor ou profissional do *backstage*. Ainda, conhecer esse mundo também pode abrir portas de trabalho para um músico profissional, pois em todos esses processos é necessário não somente entender as questões administrativas que envolvem o registro e a editoração, mas também ser um profundo conhecedor e amante da música para sempre ter clareza do material com que se está lidando e facilitar todo o diálogo entre as editoras e os artistas envolvidos.

2.4 Editoração musical educacional

Um dos setores nos quais a editoração e a impressão de partituras têm forte presença é o ramo da editoração musical educacional.

O conhecimento em *softwares* de redação musical é imprescindível para professores e estudantes. As ferramentas tecnológicas já são adotadas em grande parte das aulas de música, e as disciplinas de edição de partituras no computador já são contempladas na maioria dos cursos de formação de professores de música.

Ainda que muitos docentes resistam à possibilidade de ensinar a escrita musical valendo-se dos programas e meios digitais, alegando uma compreensível falta de prática e de aprofundamento da teoria da música ocidental ensinada nas escolas, as ferramentas computacionais de escrita e produção musical já são um fato no cotidiano do músico e do educador. Por isso, compreender a potencialidades de tais recursos é muito frutífero e amplia as capacidades profissionais não só dos estudantes em formação, mas também dos professores, que podem editar os próprios materiais didáticos sem ter de recorrer a materiais de difícil acesso (Fritsch et al., 2022).

A facilidade de manuseio e compartilhamento nessas plataformas permite aos discentes e docentes participar de trabalhos colaborativos e em atividades teóricas e práticas. A otimização de tempo e as possibilidades de desenvolver novos materiais a serem utilizados durante a formação são, certamente, um dos maiores benefícios dos recursos tecnológicos aplicados à educação musical. Consequentemente, a editoração de partituras via *softwares* pode ser aplicada como um desses recursos em atividades em classe e como recurso adicional nas atividades estudantis (Cruz, 2014).

A distribuição de materiais educacionais entre os alunos e as interações entre os projetos criados em um contexto educacional dependem, muitas vezes, da disponibilidade de acesso aos recursos. Muitos arranjos e composições criados pelos estudantes podem facilmente ser editados e compartilhados com grupos musicais e instrumentistas para que sejam apresentados e avaliados, sem depender de um editor profissional ou de uma distribuidora que elabore partituras de maneira mais organizada, assim como ocorre com materiais criados por professores para serem utilizados por alunos em classe. Ainda que a função de um editor profissional seja necessária para publicações, é mais interessante, num primeiro momento, permitir que tais obras musicais sejam revisadas e testadas em um contexto de aprendizado, por meio de recursos de redação musical em meios digitais.

Nesse sentido, há diversas plataformas, como o Musica Brasilis[2], que se propõem a editar e distribuir partituras de compositores e arranjadores brasileiros, com enfoque em obras que não são facilmente encontradas, principalmente pela falta de edições acessíveis. Tais materiais podem ser um recurso útil para professores e estudantes para a exploração de conteúdos variados e de meios de publicação de partituras originais.

O compartilhamento de partituras na sala de aula e em projetos didáticos pode ser avaliado em diversos contextos, facilitando e dinamizando o trabalho de educadores e alunos. Muitos profissionais da área estão envolvidos em atividades culturais educacionais como corais, orquestras jovens e grupos instrumentais em projetos socioculturais, o que muitas vezes demanda a edição e distribuição de partituras de difícil acesso, rearranjos para diferentes formações

...
2 Disponível em: <https://musicabrasilis.org.br/>. Acesso em: 30 maio 2022.

corais e instrumentais e edição das partes para cada instrumentista. O processo de edição de partituras para esses fins demanda não somente um conhecimento profundo das técnicas instrumentais e da teoria musical, mas também a habilidade de manejo dos *softwares* de redação musical e compreensão das questões didáticas desse tipo de escrita.

A seguir, observe, na Figura 2.2, uma música representada em um modelo gráfico, disponível na aba "Recursos Educacionais" da página Musica Brasilis, que se constitui em um dos diferentes modelos de grafia musical que podem ser utilizados como material didático em aulas de música.

Figura 2.2 – Exemplo de modelo de grafia musical da plataforma Musica Brasilis

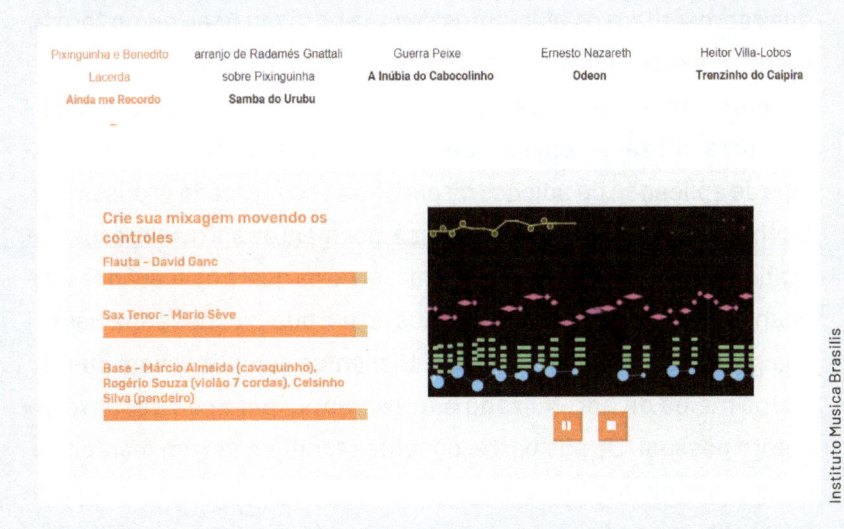

Fonte: Musica Brasilis, 2022.

Um fator interessante a ser considerado quando se trata de editoração musical educacional consiste na expansão dos modelos de escrita de músicas para atividades. Muitos docentes criam metodologias de ensino que envolvem itens extramusicais, como cores, formas geométricas e símbolos variados, os quais representam elementos de interpretação instrumental em uma partitura. Portanto, estar familiarizado com a escrita não convencional e com as ferramentas expandidas de editoração, também utilizadas em música contemporânea, é essencial nesse contexto, uma vez que muitas partituras educacionais fazem uso de gráficos, cores e modelos menos usuais.

Aqui, vale destacar que o educador musical belga Jos Wuytack (1935-) propõe um modelo denominado *musicograma*[3]. Trata-se de um sistema que integra cores, figuras, linhas e formas geométricas que representam os elementos de uma obra musical, como forma, estrutura, orquestração e timbres (Bourscheidt, 2008).

Portanto, a editoração de livros didáticos e de métodos musicais para utilização em sala de aula constitui um dos vários exemplos de aplicação de edições de partituras no mercado profissional. Conhecer e praticar a escrita musical por meio de *softwares* especializados não é somente uma atividade-meio na qual a aplicação reside apenas nos editoriais universitários ou em publicações especializadas para orquestras e conjuntos. Discentes sempre devem buscar novos meios de aprendizado e ferramentas para seu desenvolvimento pessoal. De sua parte, docentes também devem manter-se atualizados quanto às metodologias e aos materiais disponíveis para apresentar aos alunos. Logo, criar e formatar partituras e materiais

...
3   Para conferir a obra, consulte: <https://acervodigital.ufpr.br/bitstream/handle/1884/16986/dissertacao_bourscheidt_luis.pdf?sequence=1&isAllowed=y>. Acesso em: 20 jul. 2022.

didáticos próprios certamente é um dos caminhos mais interessantes e acessíveis para esse fim.

2.5 *Softwares* para editoração musical

Ainda que a escrita musical seja frequentemente associada a um trabalho manual, feito em cadernos de pautas e praticado nas instituições de ensino de maneira tradicional, os *softwares* para a editoração de partituras já não são novidade. Com a popularização dos computadores pessoais, os programas de escrita de partituras se tornaram mais acessíveis e estão disponíveis em diferentes modelos e formatos, incluindo programas pagos com diversos recursos específicos ou *softwares* livres e/ou gratuitos que dispõem de uma maior liberdade de uso e reconfiguração por parte dos usuários. Os diferentes programas contam com grandes comunidades em fóruns e *sites* especializados, o que facilita o estudo dos *softwares* e a aplicação dos projetos em diversos tipos de trabalho.

Dada a grande quantidade de programas disponíveis para os mais variados perfis de usuário, a lista de possibilidades é bastante extensa. No entanto, alguns programas se destacaram no cenário por oferecerem ferramentas úteis para alguns usos específicos, como a sincronia com programas de produção de áudio, a adição de vídeos para a composição de trilhas sonoras, a inserção de *plug-ins* que melhoram a qualidade do áudio no *playback* e a utilização de equipamentos externos para a escrita, como *tablets* e pianos eletrônicos conectados ao computador. A seguir, apresentaremos alguns dos principais programas pagos e gratuitos disponíveis no mercado.

2.5.1 Finale

O Finale[4] é um dos *softwares* mais reconhecidos por quem trabalha com editoração musical ou que utiliza esse recurso para escrever as próprias partituras ou para compor e criar arranjos. A ferramenta é produzida pela empresa MakeMusic[5], que também assina outros produtos, como a biblioteca de sons Garritan e a plataforma SmartMusic, que distribui partituras e ferramentas educacionais. A empresa também é a desenvolvedora do .xml, um formato de arquivo digital que armazena dados musicais e pode ser usado para compartilhar partituras editadas em diferentes programas, permitindo o diálogo entre vários editores sem limitações de acesso.

---

4   Disponível em: <https://www.finalemusic.com/es/productos/finale/>. Acesso em: 31 maio 2022.
5   Disponível em: <https://www.makemusic.com/about/>. Acesso em: 31 maio 2022.

Figura 2.3 – Interface principal do Finale

Fonte: MakeMusic, 2020.

Por ser um programa proprietário e com múltiplas ferramentas avançadas para a elaboração de partituras complexas, o Finale é um *software* de custo elevado, que fornece atualizações constantes, possibilidade de comunicação com *plug-ins* externos e ferramentas específicas, como inserção de vídeo e protocolo MIDI. De fato, o programa é muito utilizado por compositores e arranjadores envolvidos na indústria criativa para a criação de trilhas sonoras, arranjos para gravações e produções em estúdio e publicações de livros de partituras e *songbooks*.

> **Fique atento!**
>
> "MIDI é a abreviação de Musical Instrument Digital Interface. É uma linguagem que permite que computadores, instrumentos musicais e outros hardwares se comuniquem. O protocolo MIDI inclui a interface, a linguagem na qual os dados MIDI são transmitidos e as conexões necessárias para se comunicar entre hardwares" (Brandão, 2017).

2.5.2 Sibelius

O *software* de edição de partituras Sibelius[6] recebeu esse nome em homenagem ao compositor finlandês Jean Sibelius (1865-1957), importante nome da música no final do século XIX e início do século XX. Atualmente, o programa é desenvolvido e publicado pela empresa Avid[7], reconhecida pela grande quantidade de plataformas e de *softwares* dedicados à produção multimídia; aliás, alguns deles são considerados padrão de mercado em projetos de alto nível, como o *software* de produção de áudio Pro Tools e o editor de vídeo Media Composer. A empresa também oferece soluções para música ao vivo e outras áreas da indústria criativa.

Assim como outros produtos oferecidos pela Avid, o Sibelius é voltado para músicos diretamente envolvidos na criação de obras para outras mídias, como filmes e jogos, ainda que a plataforma não

---
6   Disponível em: <https://www.avid.com/sibelius>. Acesso em: 31 maio 2022.
7   Disponível em: <https://www.avid.com/>. Acesso em: 31 maio 2022.

se limite a isso e contenha ferramentas para qualquer tipo de editoração de partituras. No entanto, uma das principais características do programa é justamente sua capacidade de comunicação com outras plataformas da empresa, o que agiliza e facilita o processo de composição de trilhas sonoras e a inserção de músicas nas plataformas de vídeo, bem como a exportação da composição em formato .midi para o sistema de áudio multipista. O Sibelius conta com uma versão gratuita limitada e modelos de pagamento por assinatura, além da possibilidade de aquisição do *software* integral com uma licença perpétua.

2.5.3 Encore

O Encore[8] é um *software* para editoração musical digital disponível no mercado há vários anos, sendo um dos programas mais antigos ainda em atividade e com uma base de usuários bastante consolidada. Embora outros programas já citados tenham adquirido uma grande base de clientes e tenham sido assimilados por empresas que distribuem vários outros *softwares* para produção musical, o Encore se mantém como uma referência entre as plataformas dedicadas à edição de partituras; um atrativo é o preço mais baixo.

A empresa desenvolvedora do Encore é a estadunidense Passport Music[9], que também oferece outros programas de escrita musical, como o Music Time Deluxe e o sequenciador MIDI Master Tracks Pro. Como o Encore é o principal produto do portfólio da empresa, ele está disponível em diversos idiomas, incluindo o português brasileiro, e tem diversas faixas de precificação, com descontos para

---

8   Disponível em: <http://www.passportmusic.com/products/encore/>. Acesso em: 16 nov. 2021.
9   Disponível em: <http://www.passportmusic.com/>. Acesso em: 31 maio 2022.

estudantes e professores e valores promocionais para compras em lotes para vários usuários. O *software* conta com uma versão demo para testes gratuitos e com um distribuidor oficial no Brasil (a empresa Daccord), o que facilita o suporte ao cliente, além de proporcionar mais facilidade para a compra e contatos de assistência técnica.

2.5.4 LilyPond

O LilyPond[10] é um *software* de editoração de código aberto com uma proposta bastante diferente das demais ofertas do mercado, uma vez que não conta com uma interface para editoração com ferramentas e *menus* diretamente acessíveis na tela principal. O diferencial do programa é que toda a editoração é realizada em uma interface de texto, ou seja, toda a escrita musical é efetuada por meio de codificação, e não em uma interface dedicada. Certamente, o LilyPond é um *software* de nicho destinado a pessoas que realizam projetos envolvendo tecnologia musical e buscam inovações ou recursos pouco usuais que não estão disponíveis em programas mais comuns no mercado.

2.5.5 Flat.io

O Flat.io[11] é um programa de editoração colaborativo que funciona diretamente no navegador de internet. O programa é, na realidade, uma página em que o usuário, depois de fazer um *login*, pode editar partituras no navegador e salvar os projetos na plataforma. Contudo, é possível escrever as partituras sem a necessidade de uma conexão com a internet, ficando apenas restritos os recursos

---
10 Disponível em: <https://lilypond.org/index.pt.html>. Acesso em: 31 maio 2022.
11 Disponível em: <https://flat.io/pt-BR>. Acesso em: 31 maio 2022.

de armazenamento dos projetos na página da plataforma, bem como o compartilhamento e o sistema de edição colaborativa.

O programa está disponível em duas versões: a gratuita permite um número limitado de projetos salvos por vez e apresenta algumas limitações de formatação e compartilhamento das partituras editadas; a paga, acessível mediante uma assinatura, disponibiliza diversos recursos de compartilhamento e configurações que tornam o programa uma ferramenta muito eficiente para trabalhos em equipe e para projetos educacionais, uma vez que o editor dispõe de recursos de sincronização direta com várias plataformas educativas, como Moodle[12], Office 365[13] e Edmodo[14]. Além dos recursos de sincronização com outros sistemas, a assinatura também libera para o usuário recursos de edição mais avançados, incluindo mudanças de cores, uso de imagens e outros formatos de escrita musical.

Figura 2.4 – Interface principal do Flat.io

Fonte: Tutteo, 2020.

...
12 Disponível em: <https://moodle.org/>. Acesso em: 31 maio 2022.
13 Disponível em: <https://www.office.com/>. Acesso em: 31 maio 2022.
14 Disponível em: <https://new.edmodo.com/>. Acesso em: 31 maio 2022.

2.5.6 Maestro

O Maestro[15] é um aplicativo disponível para celulares nas plataformas Android e IOS no qual é possível escrever partituras simples diretamente na tela do *smartphone*. Trata-se de uma alternativa interessante para quem não dispõe de um computador em casa ou tenha necessidade de escrever partituras em lugares onde o acesso a outros programas não esteja disponível. Ainda que o programa tenha muitas limitações e não permita editorações complexas, tendo em vista as possibilidades de uso na tela do aparelho celular, o aplicativo é uma ferramenta versátil para a utilização remota.

Figura 2.5 – Interface principal do Maestro

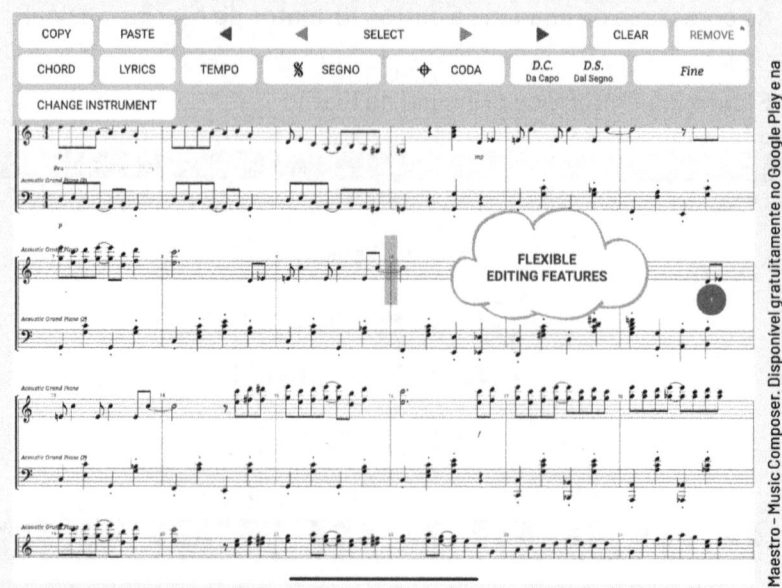

Fonte: Future Sculptor, 2016.

...
15   Disponível em: <https://www.futuresculptor.com/maestro/>. Acesso em: 31 maio 2022.

2.5.7 MuseScore

O MuseScore[16] é, provavelmente, o *software* gratuito para editoração musical mais reconhecido pela comunidade, algo enaltecido pela empresa desenvolvedora na página de compartilhamento de partituras editadas no programa, que também conta com uma grande quantidade de fóruns e vídeos tutoriais. Possivelmente, o programa atingiu uma grande marca de utilizadores porque sua interface é bastante similar à dos *softwares* proprietários disponíveis no mercado, o que faz do MuseScore uma opção viável para projetos profissionais e edições elaboradas de partituras para publicação.

Por ser um programa com uma grande quantidade de usuários e que possibilita editorações musicais sem limitações, utilizaremos o MuseScore como plataforma de referência nos capítulos seguintes para apresentar os principais recursos de escrita musical no computador. Vale assinalar que a plataforma conta com um tutorial em texto (apenas em inglês) na página oficial que apresenta todos os recursos disponíveis para a escrita musical e a edição de documentos musicais.

> **Indicações culturais**
>
> A página IMSLP oferece diversas partituras em domínio público, muitas editadas à mão e/ou em plataformas que não garantem uma boa qualidade de impressão das partituras musicais.
>
> IMSLP. Disponível em: <https://imslp.org/wiki/Main_Page>. Acesso em: 31 maio 2022.

---

16   Disponível em: <https://musescore.com/>. Acesso em: 31 maio 2022.

Síntese

Para finalizar este capítulo, a seguir, recapitulamos esquematicamente os conteúdos apresentados:

- Aplicações e distribuição de partituras
    - Histórico
    - Distribuição
    - Registro de autoria
    - *Performance* em grupo
- Mercado e profissões
    - Histórico
    - Partituras profissionais
    - Partituras educacionais

- *Softwares* para editoração musical
    - Finale
    - Sibelius
    - Encore
    - LilyPond
    - Flat.io
    - Maestro
    - MuseScore

Atividades de autoavaliação

1. Na atualidade, a notação musical impressa já não é uma exclusividade, uma vez que os recursos tecnológicos se somaram aos materiais físicos nos modelos de partituras digitais. Qual profissional é responsável pela edição de partituras em papel e em meios digitais?

a) Arranjador.

b) Copista.

c) Compositor.

d) Orquestrador.

e) Editor.

2. Uma música deve ser editada, impressa e registrada para certificar a autoria de uma obra musical. Qual é o órgão público no Brasil que permite o registro de autoria de partituras?
   a) Entidades representativas da classe dos músicos.
   b) Arquivos públicos municipais.
   c) Ordem dos Músicos.
   d) Biblioteca Nacional.
   e) Órgão sindical responsável.

3. Muitas inovações observadas na notação musical expandida também são utilizadas nas partituras educacionais. Assinale a alternativa que lista exemplos dessas inovações:
   a) Formas geométricas, cores e imagens.
   b) Letras indicando os acordes acima do pentagrama.
   c) Cópias de notações de outras culturas.
   d) Escrita neumática.
   e) Escrita no tetragrama, em substituição ao pentagrama.

4. Qual destes *softwares* utiliza linhas de código para digitalizar uma partitura musical?
   a) MuseScore.
   b) LilyPond.
   c) Maestro.

d) Finale.

e) Encore.

5. Além dos computadores, que outras ferramentas estão disponíveis para a editoração musical digital?
    a) Máquinas de escrever mecânicas.
    b) Pianos digitais que imprimem partituras.
    c) Aplicativos para celulares e *tablets*.
    d) Equipamentos específicos que decodificam um gestual próprio na escrita.
    e) Microfones que captam as notas e ritmos executados.

Atividades de aprendizagem

Questões para reflexão

1. Como discutido ao longo deste capítulo, a habilidade de escrever e editar partituras não é somente útil ao músico, uma vez que a editoração musical é também uma habilidade profissional nessa área. Na condição de estudante de música, você já cogitou a ideia de seguir profissionalmente uma carreira como editor de partituras? O que você pensa sobre a competência de transcrever músicas via *softwares* para outras carreiras nas artes, como as de educadores e instrumentistas?

2. É comum compreender a partitura como um documento com indicações bastante específicas direcionadas ao instrumentista. Como você avalia a utilização de outros símbolos, como cores e imagens, em uma partitura educacional?

Atividade aplicada: prática

1. Um erro muito comum entre estudantes de música que estão começando a escrever suas partituras está na ideia de que a escrita manual é algo obsoleto e, por isso, eles partem diretamente para os programas de editoração no computador. Entretanto, em qualquer um dos modelos disponíveis de *software*, é exigido do usuário um conhecimento prévio de escrita musical. Nesse sentido, o programa é uma ferramenta que facilita um processo já consolidado de notação musical. Por isso, busque transcrever partituras escritas à mão em plataformas *on-line* gratuitas antes de partir para a escrita via *software*. Conheça as ferramentas de acordo com as necessidades da partitura e nunca limite a escrita musical aos recursos disponíveis no *software*. Retome os exercícios realizados no Capítulo 1 e refaça-os no *software* para adquirir prática. Quando se sentir confortável na execução desse tipo de atividade no papel e na tela, comece a usar a plataforma diretamente para escrever suas músicas.

Capítulo 3
EDITORAÇÃO
MUSICAL:
FUNÇÕES
BÁSICAS

Para a aplicação e a continuidade no estudo da editoração musical, utilizaremos o *software* de escrita e edição de partituras MuseScore, um editor intuitivo e leve que reúne diversos recursos de escrita, o que o torna uma ferramenta poderosa para a escrita musical. Selecionamos esse programa por ser uma ferramenta gratuito e acessível para diversas plataformas; além disso, ele conta com uma grande comunidade de usuários em todo o mundo, o que também facilita o acesso ao programa e o aprendizado a longo prazo de recursos avançados, como a correção de problemas e a implementação para diferentes usos profissionais.

3.1 MuseScore

O MuseScore[1] é um *software* de notação musical e editoração de partituras e outros modelos de escrita musical disponibilizado para Windows, MacOS, Linux e outras plataformas. O programa se diferencia de outros produtos disponíveis no mercado por ser distribuído gratuitamente na rede, sob a GNU General Public License, e por se caracterizar como um *software* livre.

> **Curiosidade**
>
> A GNU General Public Licence (ou GNU GPL) consiste em um formato de licença de *software* que permite aos usuários finais a utilização irrestrita das fontes e, ao mesmo tempo, garante a autoria dos programadores envolvidos sem limitar o acesso e a modificação dos códigos por outros usuários (GNU, 2022).

---

1 Disponível em: <https://musescore.org/pt-br>. Acesso em: 31 maio 2022.

> **Importante!**
>
> Segundo a Free Software Foundation (FSF), organização voltada à defesa e à divulgação dos *softwares* livres, ou *open sources*, quatro fundamentos definem um programa livre: (1) a liberdade de executar o programa livremente; (2) a redistribuição irrestrita; (3) a liberdade de estudo; e (4) a liberdade de aperfeiçoamento dos *softwares*. No entanto, a FSF alerta que cumprir esses quatro fundamentos não é impeditivo para um *software* livre ser comercializado, ou seja, um programa livre não é necessariamente um programa gratuito. O MuseScore é, pois, um *software open source*, tendo em vista que atende às diretrizes que determinam o que é um *software* livre, além de ser distribuído gratuitamente aos usuários na rede (Campos, 2006).

Portanto, além da liberdade de uso, o MuseScore permite o acesso aos códigos-fontes do programa para modificações e implementações pelos usuários familiarizados com esse tipo de programação. Atualmente, o editor é disponibilizado para *download* em sua página oficial, e os repositórios de implementações e códigos se encontram na plataforma GitHub[2].

O MuseScore foi disponibilizado para a comunidade em 2008 com o lançamento da página <www.musescore.org> no mesmo ano. O *software* foi originalmente idealizado em 2002 como um sequenciador de informações MIDI denominado MusE. Entretanto, com o desenvolvimento do projeto original, os criadores decidiram separar as ferramentas de notação do sequenciador para trabalhar em um programa de escrita musical independente (Neumann, 2004).

---

2 Disponível em: <https://github.com/musescore/MuseScore>. Acesso em: 31 maio 2022.

Em 2018, o MuseScore foi adquirido pela empresa Ultimate Guitar, mas segue como um *software* livre, ainda que mantenha uma equipe regular de desenvolvimento (Rothman, 2018). Desde o lançamento, a ferramenta se notabilizou pelas centenas de *downloads* diários e foi traduzida para diversos idiomas, entre eles o português brasileiro; atualmente está em sua terceira versão e segue sendo desenvolvida com o apoio da comunidade.

Por ser um *software* de características acessíveis, o MuseScore permite o registro e a importação de diversos formatos de arquivo, sendo o formato nativo o documento .mscz. Para o intercâmbio com outros programas de notação musical, ele permite que o usuário salve e importe projetos em formatos MusicXML (.mxl ou .musicxml) e, também, em .pdf e em formatos de imagem, contando com uma ferramenta de conversão de partituras no formato .pdf para serem editadas no programa. O *software* apresenta, ainda, protocolo MIDI para salvar obras e arranjos para serem trabalhados em programas multipista, bem como conversão para formatos de áudio, como .mp3, .wav, .ogg e .flac.

A ferramenta também dispõe de um sistema de compartilhamento *on-line* das partituras editadas no programa, além da página oficial <www.musescore.org>. Para o *download* e outros suportes do programa, existe uma segunda página *on-line* – <www.musescore.com> – para o compartilhamento de partituras e fóruns para a comunidade. Todavia, esta não é uma plataforma totalmente aberta e gratuita como o *software* em si. A página funciona como uma rede social de compartilhamento de partituras, fóruns para debates e ferramentas extras para o MuseScore. Logo, para ter acesso ao *download* das partituras publicadas na página e aos outros recursos, o sistema exige uma assinatura paga do usuário, que pode realizar o *login* por meio de outras plataformas como o Facebook ou o Google. O acesso gratuito da página <www.musescore.com> possibilita que o usuário publique suas partituras no *site* e apenas visualize outras obras no navegador. O compartilhamento entre o *software* e a página é automático e pode ser realizado direto no *menu* do MuseScore.

Observe, na Figura 3.1, a interface da página <www.musescore.com>.

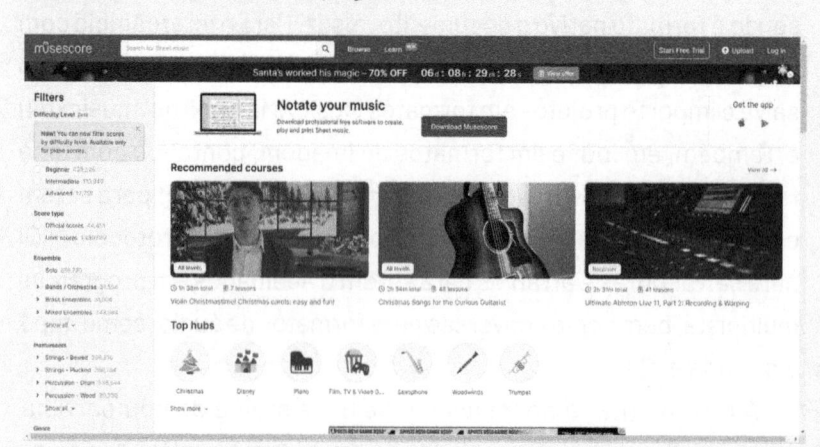

Figura 3.1 – Interface da página <www.musescore.com>

Fonte: MuseScore, 2022a.

A instalação do *software* é muito simples. A página inicial do site <www.musescore.org> apresenta um ícone para o *download* do arquivo executável que faz a instalação da ferramenta (Figura 3.2).

Figura 3.2 – Local de *download* do executável para a instalação do MuseScore

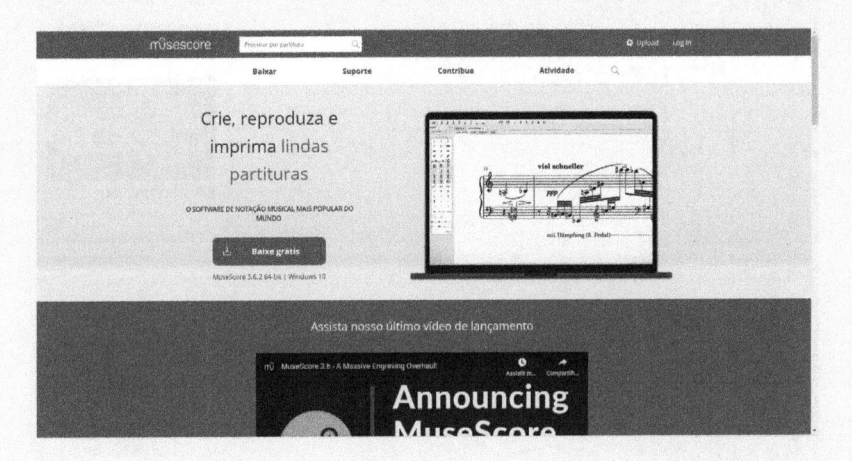

Fonte: Musescore, 2022b.

Após a instalação, o programa executa o editor pela primeira vez na máquina. A tela inicial exibe um ícone no lado esquerdo para abrir um projeto em branco e um botão para acesso rápido aos projetos já criados pelo usuário, caso existam. No lado superior direito da tela inicial, são apresentados um *link* de acesso rápido ao <www.musescore.com> e um buscador de partituras na página (quando o usuário faz a assinatura, é possível baixar as partituras direto no programa pelo buscador). Logo abaixo, estão disponíveis vários recursos úteis, como tutoriais em vídeo, manuais de uso do *software*, novos recursos, atualizações e partituras disponíveis para os assinantes da plataforma *on-line*. Ainda, pode-se abrir um arquivo salvo no computador ou fechar a tela inicial (Figura 3.3) do programa.

Figura 3.3 – Tela inicial do MuseScore[3]

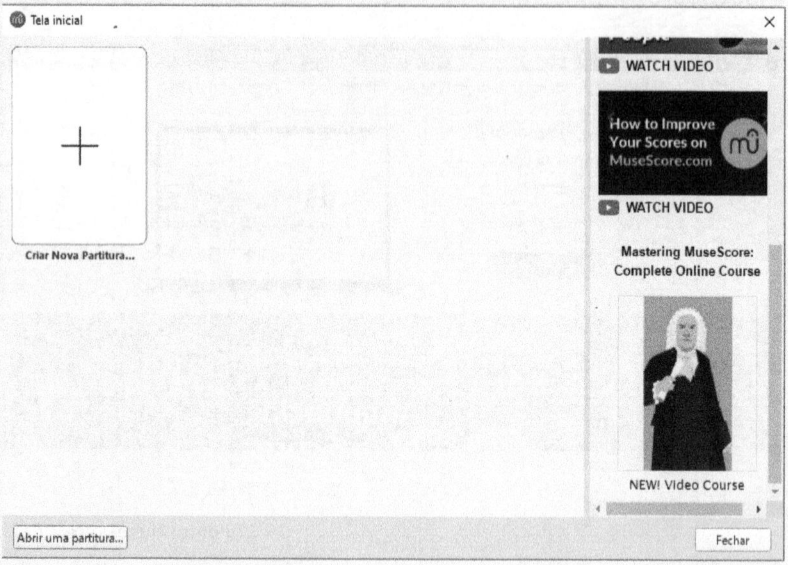

Fonte: MuseScore, 2022a.

Nas próximas seções, apresentaremos os recursos iniciais do MuseScore a fim de que você, leitor(a), aprenda a criar e configurar um documento em branco, importar e exportar arquivos, criar *templates* para facilitar a editoração, formatar e salvar documentos finalizados para impressão. Também comentaremos a interface principal para melhor compreensão dos recursos disponíveis no *software*. Ressaltamos que todas as teclas de atalho citadas neste livro estão dentro do padrão Windows. Os usuários do sistema MAC devem substituí-las pelas teclas equivalentes.

---
3 Com exceção das duas figuras anteriores deste capítulo, as demais imagens do *software* MuseScore (Schweer, 2020) são *print-screens* feitos pelo autor por meio do aplicativo instalado no computador.

3.2 Criando um documento em branco

Na aba "Tela Inicial" do MuseScore, é possível criar um documento em branco para ser editado pelo usuário. Essa aba pode ser acessada de duas maneiras: (1) ao abrir o programa, clicando no *menu* "Arquivo" e, posteriormente, em "Tela Inicial"; ou (2) utilizando o atalho "F4" no teclado do computador. É possível desabilitar a abertura da "Tela Inicial" nas configurações do programa: no *menu* "Editar", "Preferências", aba "Geral", basta desabilitar o marcador "Mostrar Tela Inicial" no local "Iniciar Programa". Nessa mesma aba, pode-se configurar o programa de acordo com as preferências do editor, tal como abrir diretamente um documento em branco, continuar o último projeto aberto ou abrir uma página vazia.

Logo abaixo do campo "Iniciar Programa", também é possível configurar as pastas e os locais de arquivo a serem utilizados pelo MuseScore, como a pasta para salvar os arquivos editados, *backups*, sons empregados na reprodução, pasta de *templates* e outros recursos. Ao lado, pode-se selecionar o idioma principal do sistema e promover outros ajustes de interface, para melhor personalização no uso do programa. Todas as configurações e ajustes podem ser realizados nessa janela. Recomendamos observar cada uma das abas e, principalmente, fazer uma leitura ou promover modificações pessoais nos atalhos de teclado, disponíveis na aba "Atalhos", para melhor fluidez e agilidade na editoração de partituras.

Na Figura 3.4, a seguir, observe os *menus* superiores do MuseScore, em que se encontram todas as ferramentas de configuração do documento no *software*.

Figura 3.4 – *Menus* superiores do MuseScore

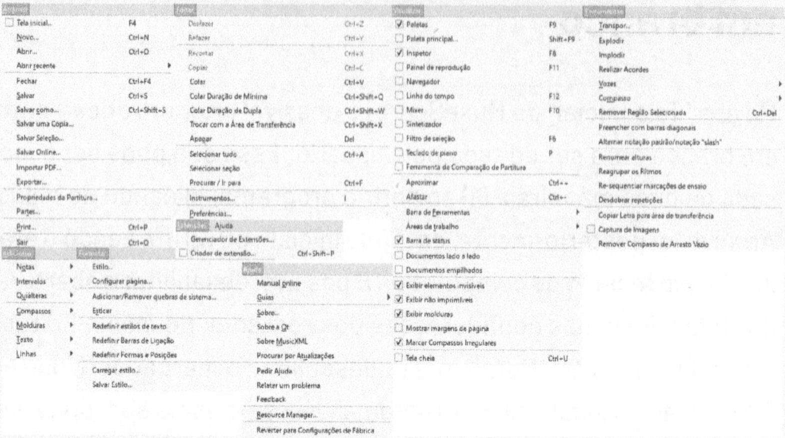

Depois de selecionar a miniatura "Criar Nova Partitura" na "Tela Inicial", o programa abre uma nova guia denominada "Novo Assistente de Configuração de Partitura", em que o editor pode configurar todas as características do documento para a notação do projeto de partitura. Essa guia de configurações também pode ser acessada diretamente, sem a necessidade de utilizar a aba "Tela Inicial", por meio do atalho "Ctrl + N" ou clicando no ícone em formato de papel com o símbolo "+" logo abaixo do *menu* "Arquivo". A guia "Novo Assistente de Configuração de Partitura" segue uma ordem de configuração para os novos documentos que não pode ser alterada. No entanto, ela auxilia nos ajustes do novo projeto ao seguir uma sequência lógica de organização da partitura. A ordem das janelas de configuração obedece à seguinte ordem:

- Deve-se inserir o título da obra, os subtítulos, o nome dos compositores e outros envolvidos na criação da música, os dados de editores e direitos autorais etc.

- Abre-se uma janela na qual é possível selecionar *templates* com formações instrumentais preestabelecidas já inclusas na instalação do programa; caso o usuário queira escolher a formação instrumental sem seguir os *templates* oferecidos, basta selecionar "Escolha Instrumentos".
- Caso o editor tenha optado por criar uma configuração instrumental, o programa direciona para uma janela de seleção desses instrumentos e para a ordem de apresentação na partitura. A fim de selecionar o instrumento, basta escolher pelo nome na janela da esquerda, em que há a categorização pelas famílias instrumentais (metais, madeiras, cordas etc.). Após a seleção, deve-se clicar em "Adicionar" no ícone presente entre as duas colunas. Os instrumentos selecionados e algumas informações extras são apresentadas na coluna à direita. A ordem dos instrumentos na partitura corresppnde à apresentada na coluna. Para alterar a organização, basta selecionar o instrumento na coluna à direita e clicar nas setas presentes no espaço central da janela. Se o usuário quiser acrescentar uma pauta de um instrumento selecionado, deve clicar em "Adicionar Pauta" ou "Adicionar Pauta Vinculada", logo abaixo das setas de ordenação dos instrumentos. A primeira opção cria uma pauta independente, ao passo que a segunda gera uma nova pauta vinculada à primeira, a qual não pode ser editada separadamente, seguindo sempre os dados inseridos na primeira pauta vinculada (por exemplo: inserindo partituras e tablaturas vinculadas para violões, guitarras etc.). Para remover algum instrumento, deve-se selecioná-lo na coluna da direita e clicar em "Remover".
- Ainda na janela de seleção e configuração dos instrumentos musicais, é possível selecionar rapidamente alguns

instrumentos simultaneamente na coluna da direita, ao pressionar o botão "Ctrl" e clicar nos vários instrumentos desejados. Eles ficarão marcados com uma seleção em azul. Depois de escolher todo o instrumental, basta clicar em "Adicionar" e todos os recursos selecionados vão diretamente para a coluna da esquerda. Após a seleção e a ordenação dos instrumentos, pode-se escolher a "Clave" e o "Tipo de Pauta" que deve constar na partitura. Na coluna à esquerda, é possível configurar o formato de pauta apresentado em cada um dos instrumentos (pautas com menos linhas, tablaturas, formatos para percussão etc.), bem como alterar a clave original dos instrumentos para diversos tipos de escrita musical e fazer configurações personalizadas para as notações dos instrumentos.

- Ao se escolher o instrumental desejado ou optar por um dos *templates* preestabelecidos, o programa direciona para a aba de seleção da armadura de clave, na qual é possível indicar a tonalidade da música. Essa armadura pode ser alterada posteriormente durante a edição da partitura.
- Por fim, é possível selecionar alguns elementos da partitura. Em primeiro lugar, a fórmula de compasso (obrigatória para seguir na edição do documento) pode ser especificada pelo usuário por meio de uma aba de seleção dos números; posteriormente, isso também pode ser feito com relação a alguns elementos "opcionais", como a anacruse no início da pauta, um número de compassos específico e o andamento da música medido em batidas por minuto (bpm).
- É possível retroceder e reconfigurar algum elemento em qualquer uma das janelas de configuração do documento. Ao final, basta clicar em "Finalizar", e o documento está pronto para a edição.

> **Importante!**
>
> Lembre-se de que anacruse é um compasso inicial incompleto inserido no início da obra. Normalmente, apresenta o último ou os últimos tempos de um compasso e faz uma "preparação" para a entrada do primeiro tempo do primeiro compasso completo da partitura.

Acompanhe, a seguir, na Figura 3.5, as janelas de configuração do programa do *menu* "Preferências" e as abas do "Novo Assistente de Configuração de Partitura".

Figura 3.5 – Janelas de configuração do programa

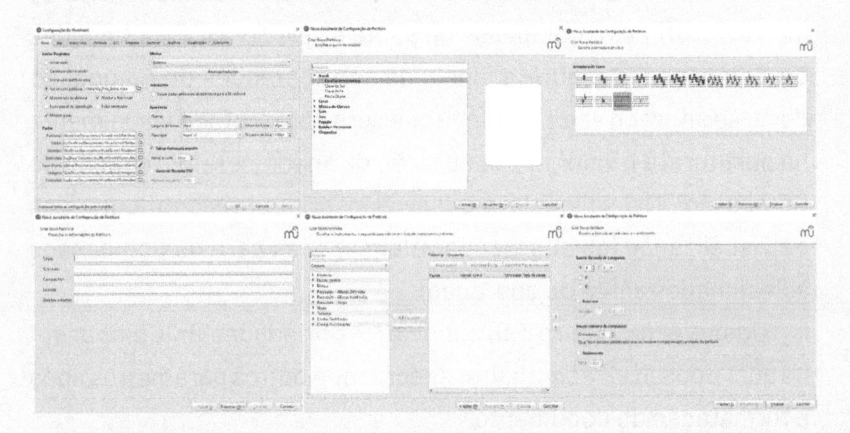

É possível modificar alguns ajustes após a criação do documento na janela "Novo Assistente de Configuração de Partitura"; porém, cada um dos elementos deve ser alterado individualmente no próprio documento ou na coluna "Paletas" presente no lado esquerdo da tela (trataremos mais especificamente dessa coluna na Seção 3.6).

Para alterar o título da obra ou os nomes dos envolvidos, deve-se clicar duas vezes sobre o texto que se pretende alterar, e todas as formatações de tamanho, cores e outros elementos aparecerão no lado direito da tela do programa. Depois de redigir o texto e definir todos os ajustes, basta clicar em qualquer área da tela do computador para finalizar as modificações. A fim de alterar alguns elementos na pauta, é preciso selecionar o local onde será feita a alteração (fórmula de compasso, armadura de clave, andamento etc.) e selecionar a nova configuração na coluna "Paletas". Os ajustes são aplicados no compasso selecionado em todos os instrumentos constantes na partitura.

Para inserir uma anacruse após a criação do documento, deve-se fazer um procedimento diferente: clicar com o botão direito do *mouse* no primeiro compasso da pauta e selecionar "Propriedades do Compasso". Ao abrir a janela de configurações do compasso, deve-se alterar o valor nominal (que será apresentado visualmente na partitura) e o valor real (a duração da anacruse) em "Duração do Compasso". Nessa janela, é possível inserir outras configurações de visualização (as alterações valem apenas para os compassos selecionados antes da operação).

Observe, na Figura 3.6, a janela "Propriedades do Compasso", na qual é possível reconfigurar anacruses e outros parâmetros após a formatação do documento.

Figura 3.6 – Janela "Propriedades do Compasso"

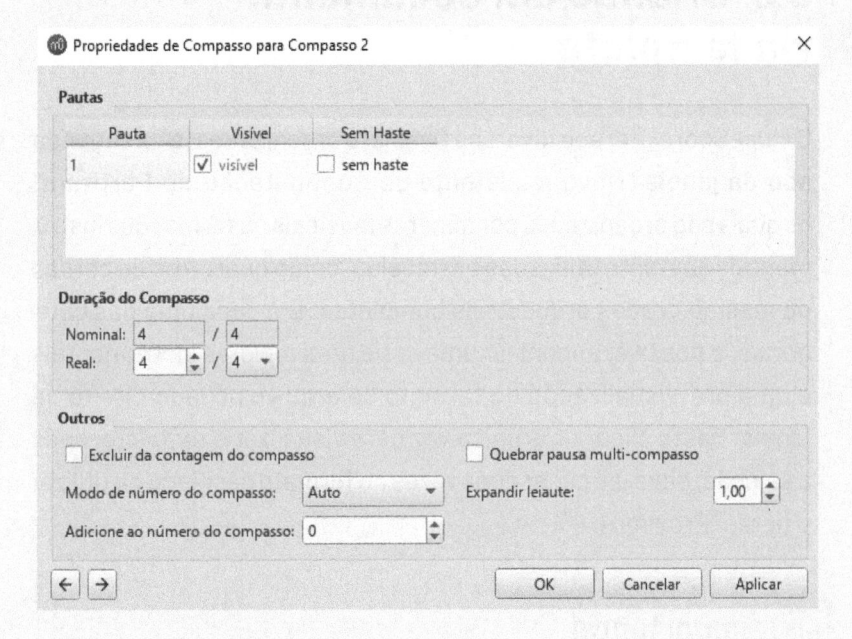

Propriedades de Compasso para Compasso 2				✕
Pautas				
Pauta	Visível	Sem Haste		
1	☑ visível	☐ sem haste		
Duração do Compasso				
Nominal: 4 / 4				
Real: 4 / 4				
Outros				
☐ Excluir da contagem do compasso		☐ Quebrar pausa multi-compasso		
Modo de número do compasso: Auto		Expandir leiaute: 1,00		
Adicione ao número do compasso: 0				
← →		OK	Cancelar	Aplicar

Também é possível inserir, alterar ou remover instrumentos da partitura após a configuração inicial do documento. Para tanto, deve-se clicar no *menu* "Editar" e selecionar a opção "Instrumentos" ou utilizar o atalho "I" no teclado. O MuseScore abre apenas a aba de configurações dos instrumentos presente na guia "Novo Assistente de Configuração de Partitura", permitindo, nesse caso, somente a reconfiguração do instrumental a ser editado no arquivo.

3.3 Criando um documento via *template*

O MuseScore oferece diversos *template* organizados já na segunda aba da janela "Novo Assistente de Configuração de Partitura", os quais são organizados por gêneros musicais ou formações instrumentais bastante utilizadas em música, como quartetos de cordas ou mesmo grades orquestrais completas. Em cada uma das categorias, é possível encontrar uma série de *templates* instrumentais e uma pré-visualização do formato de arquivo no lado direito da janela. Basta clicar uma única vez para visualizar o *template*; após a seleção, deve-se clicar duas vezes no formato desejado ou utilizar o botão "Próximo (N)".

> **Importante!**
>
> *Template* é um modelo que apresenta apenas configurações de conteúdo ou instruções predefinidas para agilizar a configuração de um documento. Em edições de partitura, é possível elaborar um *template* com organizações de instrumentos e outras informações musicais já estabelecidas, a fim de automatizar o processo de editoração e reduzir o tempo gasto na configuração dos documentos

Também é possível criar *templates* no MuseScore e adicioná-los à janela de seleção na categoria "Modelos Customizados". Nesse processo, é preciso observar os seguintes passos:

- Primeiramente, deve-se criar uma partitura com todos os detalhes desejados seguindo os mesmos passos já apresentados.

Após a configuração da partitura, basta salvar o documento com o nome desejado para o *template* (por exemplo: "Flauta e Violão", "Banda de *Jazz*" etc.). O nome do arquivo será utilizado pelo programa para apresentar o modelo na janela de seleção.

- Deve-se escolher uma pasta ou utilizar o local já criado na instalação do *software* para armazenar os *templates* customizados. O local de armazenamento dos modelos pode ser visto nas preferências ("Editar" → "Preferências"). Em "Pastas", é possível consultar e/ou selecionar todos os locais em que podem ser armazenados os arquivos no MuseScore. Os *templates* devem ser armazenados no local descrito como "Modelos".
- Depois de salvar uma cópia do modelo na pasta designada, basta reiniciar o *software*. O *template* criado pelo usuário estará disponível para seleção na categoria "Modelos Customizados", na janela de criação de partituras.

Recomenda-se cuidado ao fazer alterações nos *templates* disponíveis na instalação do *software*. Quando se modifica qualquer um dos documentos e se salvam as alterações na pasta designada para os modelos, a formatação é armazenada de maneira definitiva. Ao criar um documento a partir de um *template*, deve-se salvar o projeto em outra pasta com uma nomenclatura diferente, a fim de evitar sobreposições. Os *templates* originais podem ser recuperados com a reinstalação do *software* MuseScore.

Na Figura 3.7, verifique o *template* para flauta e violão criado no MuseScore e salvo na pasta designada para formatações customizadas. O modelo aparece na janela inicial de configuração de novas partituras, e uma visualização prévia também fica disponível na parte direita da janela.

Figura 3.7 – *Template* para flauta e violão criado no MuseScore

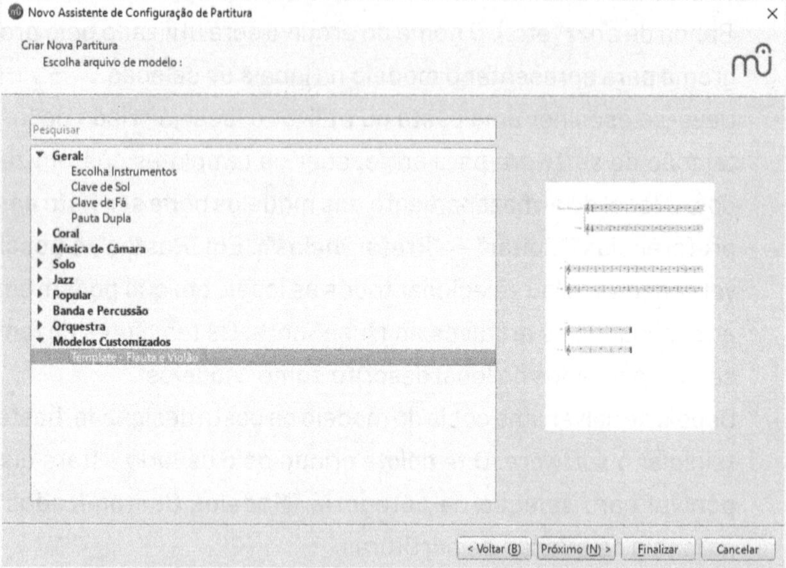

3.4 Salvando e abrindo arquivos

Para abrir arquivos e salvar projetos de editoração no MuseScore, o editor deve clicar no *menu* "Arquivo" e, na sequência, em "Salvar", acessar o ícone em formato de disquete logo abaixo de "Visualizar" ou utilizar o atalho no teclado "Ctrl + S"[4]. Caso o documento não tenha sido salvo antes, será aberta uma janela para o usuário selecionar o local em que será armazenado e para inserir o nome do arquivo.

. . .

4   Todas as imagens de ícones, *menus* e janelas do MuseScore serão mostrados neste e nos próximos capítulos para visualização do(a) leitor(a).

Ao salvar, o programa substitui o documento antigo com as novas alterações feitas no decorrer da editoração da partitura.

O *menu* "Arquivo" → "Salvar Como" ou "Arquivo" → "Salvar uma Cópia" permite criar um arquivo do MuseScore (.mscz) sem prejuízo ao arquivo original no qual está sendo realizada a editoração. O primeiro recurso substitui o local padrão de salvamento de arquivos, ou seja, ao clicar em "Salvar", as alterações são aplicadas no arquivo criado, ao passo que criar uma cópia não altera o padrão. Assim, as modificações são executadas no arquivo original do projeto.

Para abrir arquivos no MuseScore, é preciso clicar duas vezes no arquivo do projeto ou abrir a partitura dentro do *software*. Para tanto, basta clicar no *menu* "Arquivo" → "Abrir", clicar no ícone em formato de pasta logo abaixo no *menu* "Editar" ou utilizar o atalho no teclado "Ctrl + O". O *software* também oferece duas maneiras de abertura rápida de arquivo: na "Tela Inicial" e no *menu* "Arquivo" → "Abrir Recente", em que os últimos projetos trabalhados no programa ficam registrados para serem abertos com poucos cliques no *mouse*. No *menu* "Salvar Seleção", o programa registra apenas os compassos selecionados no documento e, logo abaixo, o *menu* "Salvar Online" faz o *upload* de toda a partitura no *site* <www.musescore.com>. Os formatos aceitos para abrir arquivos na plataforma estão apresentados na Figura 3.8, a seguir.

Figura 3.8 – Formatos de arquivo aceitos pelo MuseScore no *menu* "Abrir"

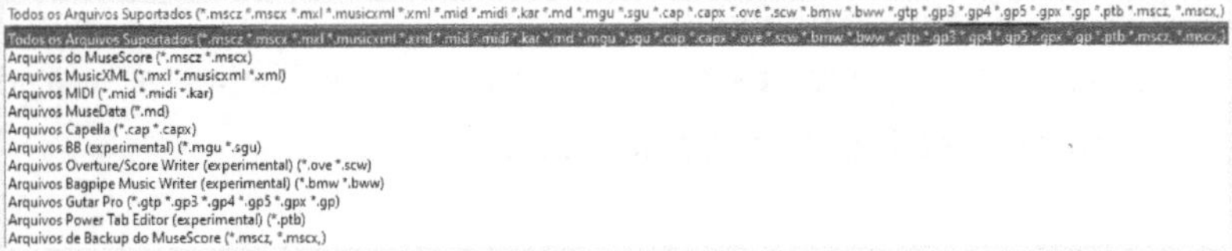

```
Todos os Arquivos Suportados (*.mscz *.mscx *.mxl *.musicxml *.xml *.midi *.kar *.md *.mgu *.sgu *.cap *.capx *.ove *.scw *.bmw *.gtp *.gp3 *.gp4 *.gp5 *.gpx *.gp *.ptb *.mscz *.mscx)
Todos os Arquivos Suportados (*.mscz *.mscx *.mxl *.musicxml *.xml *.midi *.kar *.md *.mgu *.sgu *.cap *.capx *.ove *.scw *.bmw *.gtp *.gp3 *.gp4 *.gp5 *.gpx *.gp *.ptb *.mscz *.mscx)
Arquivos do MuseScore (*.mscz *.mscx)
Arquivos MusicXML (*.mxl *.musicxml *.xml)
Arquivos MIDI (*.mid *.midi *.kar)
Arquivos MuseData (*.md)
Arquivos Capella (*.cap *.capx)
Arquivos BB (experimental) (*.mgu *.sgu)
Arquivos Overture/Score Writer (experimental) (*.ove *.scw)
Arquivos Bagpipe Music Writer (experimental) (*.bmw *.bww)
Arquivos Guitar Pro (*.gtp *.gp3 *.gp4 *.gp5 *.gpx *.gp)
Arquivos Power Tab Editor (experimental) (*.ptb)
Arquivos de Backup do MuseScore (*.mscz, *.mscx,)
```

Vale ressaltar que tais recursos funcionam com os vários arquivos aceitos pelo MuseScore além do formato .mscz, como o registro de notação aberto .musicxml e arquivos MIDI. No entanto, outros formatos estão sujeitos a modificações na formatação, em razão da conversão necessária para serem executados no *software*.

3.5 Exportando uma partitura em PDF

O MuseScore permite o salvamento dos projetos em diferentes formatos de arquivo. Para a impressão das partituras, o mais recomendado é o formato .pdf, pois ele mantém todas as configurações originais feitas pelo editor e evita erros de formatação no momento da impressão.

Para exportar arquivos em PDF, existem duas opções no programa. A primeira é utilizar o *menu* "Arquivo" → "Exportar"; em "Tipo", é possível selecionar um dos diversos formatos de arquivo utilizados pelo MuseScore, entre eles o .pdf. Além deste, o programa salva os arquivos em formato de imagem .png, recurso que permite manter as configurações ideais para a impressão das partituras. A segunda alternativa é utilizar o recurso "Imprimir", o qual pode ser encontrado no *menu* "Arquivo"; deve-se clicar no ícone da impressora logo abaixo do *menu* "Formatar" ou recorrer ao atalho "Ctrl + P". Nesse caso, basta escolher a opção de salvar o arquivo em formato .pdf em vez de selecionar um *hardware* de impressão – caso esse dispositivo esteja conectado na máquina.

Os formatos aceitos pelo MuseScore no *menu* "Exportar" estão apresentados na Figura 3.9, a seguir.

Figura 3.9 - Formatos de arquivo aceitos pelo *MuseScore* no menu "Exportar"

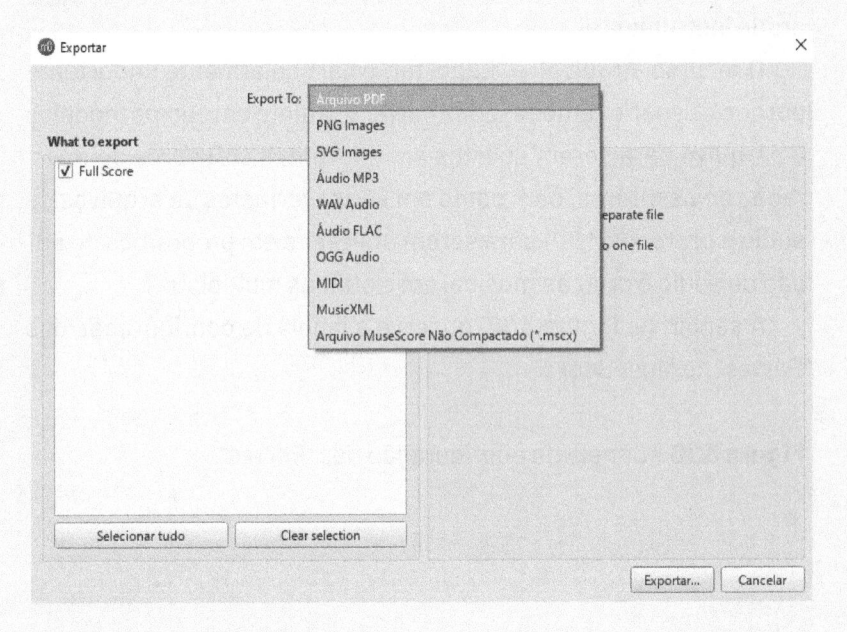

O MuseScore também conta com um recurso de exportar as partes de partituras com múltiplos instrumentos. Para habilitar a exportação das partes, primeiro é preciso criá-las no sistema, devendo-se clicar no *menu* "Arquivo" → "Partes". Na janela "Partes", é necessário criar os instrumentos desejados clicando-se no botão "Todas as Partes", localizado na área superior direita da janela. Na parte inferior, pode-se duplicar ou retirar os instrumentos presentes na partitura e renomear as partes. Ao selecionar "OK", o programa subdivide os instrumentos da grade em partituras individuais. Ao selecionar o *menu* "Arquivo" → "Exportar Partes", é possível salvar e exportar todas as partes individuais nos mesmos formatos de arquivo disponíveis no *menu* "Arquivo" → "Exportar", com o diferencial de se poder salvar as diferentes partituras com um único recurso, o que facilita o processo de separação dos instrumentos que integram a grade instrumental.

O recurso "Arquivo" → "Exportar" é particularmente importante porque o usuário também pode salvar o projeto em outros modelos de arquivo para serem abertos em diferentes *softwares* de editoração de partituras, bem como em vários formatos de arquivos de áudio e protocolo MIDI para serem utilizados em programas de edição de áudio e criação musical em sistemas multipista.

A seguir, na Figura 3.10, observe a janela de configuração das "Partes" no MuseScore.

Figura 3.10 – Janela de configuração das "Partes"

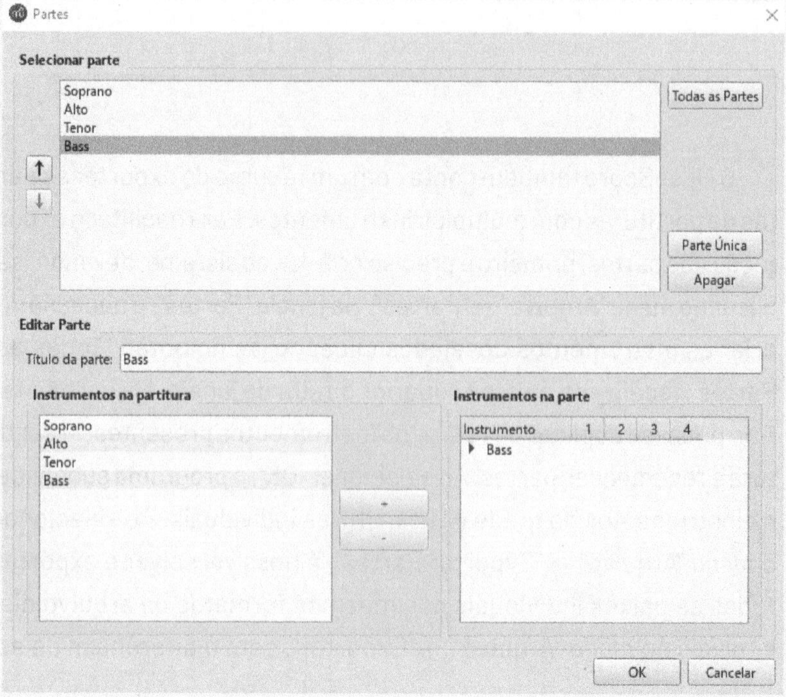

3.6 Interface principal

Assim como os vários *softwares* disponíveis para diversos fins, o MuseScore apresenta uma interface comum e já bastante utilizada em programas de computador, com uma aba superior que contém todos os *menus* e configurações do dispositivo e janelas encaixadas na tela de uso do programa, com as ferramentas mais usuais disponíveis para acesso rápido e outras janelas "flutuantes" que podem ser acessadas por atalhos no teclado ou pelos *menus* superiores. Uma característica importante do MuseScore é a facilidade e a abertura oferecida pelo *software* para a configuração da interface de usuário de acordo com as necessidades e preferências do editor. Quase todas as janelas e localizações das ferramentas são ajustáveis por meio de poucos cliques com o *mouse* e são de fácil acesso nos *menus* superiores.

Na sequência, apresentaremos as principais ferramentas contidas na interface principal do programa (normalmente já configurada após a instalação) e explicaremos de que forma configurar essa interface conforme as preferências do usuário. A Figura 3.11, a seguir, ilustra a janela geral do MuseScore, na qual é possível visualizar os *menus* superiores, a barra de ferramentas, as paletas e o "Inspetor".

Figura 3.11 – Janela geral do MuseScore

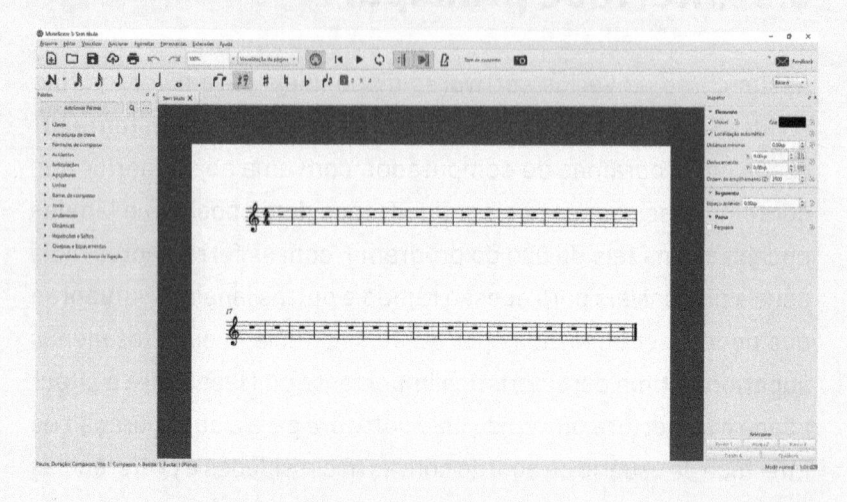

Menus superiores

- **Arquivo:** local em que é possível abrir a tela inicial de configuração do novo documento, salvar e abrir novos projetos, importar e exportar partituras em diferentes formatos de arquivo, imprimir, formatar as partes dos instrumentos e ajustar propriedades e nomenclaturas da partitura.
- **Editar:** função que permite fazer uso de ferramentas básicas de edição, como copiar ("Ctrl + C"), colar ("Ctrl + V"), desfazer ("Ctrl + Z") ou refazer ("Ctrl + Y"), utilizando-se o *mouse*. Caso não seja possível usar os recursos de atalho do teclado, pode-se promover uma seleção de todo o documento ("Ctrl + A") e acessar a janela de instrumentos na partitura, além das preferências gerais do programa, nas quais é possível ajustar todas as configurações do sistema do MuseScore.

- **Preferências**: configurações avançadas do MuseScore, como as pastas nas quais serão armazenados todos os projetos, ajustes de tela e interface, configuração personalizada de todos os atalhos de teclado, atualizações do programa e sistema de reprodução de áudio.
- **Visualizar**: local de seleção e organização de todos os recursos visuais do programa. Todas as barras e ferramentas do MuseScore podem ser ativadas e desativadas nesse *menu*. A plataforma também apresenta uma caixa de seleção que mostra quais barras estão ativas, para facilitar a organização por parte do usuário. Além disso, é possível acessar as ferramentas de *zoom in* ("Ctrl ++") e *zoom out* ("Ctrl --") na partitura (o *zoom* também pode ser ativado mediante o recurso de segurar a tecla "Ctrl" e utilizar o *scroll* do *mouse*).

  É no *menu* "Visualizar" que o usuário pode selecionar e reajustar todas as barras e ferramentas existentes na instalação padrão do MuseScore. Para que a interface desejada fique visível, basta selecioná-la no *menu* e ela aparece automaticamente no programa. Após a seleção, o usuário pode voltar a fechá-la desmarcando a seleção no *menu* "Visualizar" ou clicando no "X" disponível em algumas ferramentas. Ainda, pode-se redimensionar ou mudar a localização das ferramentas visíveis: ao clicar duas vezes sobre a parte superior da barra, ela é "desencaixada" do local padrão e torna-se uma janela flutuante. Assim, é possível encaixá-la novamente em qualquer outra parte da janela geral do *software* ou utilizá-la nesse formato.
- **Adicionar**: recurso do *menu* que viabiliza adicionar vários elementos musicais na partitura (notas, acordes, intervalos, compassos, textos na pauta etc.) e consultar todos os atalhos de

teclado para a inserção desses elementos na pauta diretamente, sem a necessidade de retornar ao *menu* várias vezes durante a editoração do documento.
- **Formatar**: configurações de página e de modelos/estilo do documento. Permite criar e salvar modelos de formatação das páginas em uma partitura, configurar a quantidade de compassos por sistema, bem como tamanhos e modelos de folhas, entre outros detalhes de configuração de página.
- **Ferramentas**: recursos que facilitam o processo de editoração de partituras no MuseScore, como transposições automáticas (por tom, por intervalos ou transposições diatônicas), agrupamento e reconfiguração de compassos, modificação de vozes em polifonias e acordes, exclusão de compassos e de regiões vazias para melhorar a visualização dos elementos na partitura, além de outros recursos de edição.
- **Extensões**: local em que é possível buscar ferramentas externas para serem inseridas no MuseScore por meio de um gerenciador de *plug-ins* e desenvolver extensões próprias por meio de uma ferramenta que facilita o processo de criação de recursos no *software*.
- **Ajuda**: *menu* de auxílio com pequenos tutoriais inclusos no programa, os quais são apresentados em pequenas janelas de texto. Também é possível acessar um sistema de envio de *feedbacks* e relatos de problemas na plataforma para a desenvolvedora e reverter o programa para as configurações de fábrica.

A seguir, no Quadro 3.1, confira os itens que compõem a barra de ferramentas e, na sequência, imagens que mostram as opções do MuseScore.

Quadro 3.1 – Barra de ferramentas

🗋	"Novo Assistente de Configuração de Partitura" ("Ctrl + N").
📁	"Carregar Partitura de um Arquivo" ("Ctrl + O").
💾	"Salvar Partitura para um Arquivo" ("Ctrl + S").
☁	"Salvar Partitura em *musescore.com*"
🖨	"Imprimir Partitura/Parte" ("Ctrl + P").
↶ ↷	"Desfazer ("Ctrl + Z") e Refazer ("CTLR + Y").
100% ▼ Visualização da página ▼	Configuração de *zoom* e modelos de visualização do projeto (página única, linha contínua ou todas as páginas do projeto).

Figura 3.12 – Barra de reprodução em áudio da partitura e configurações para a reprodução do material escrito (metrônomo ativo, *loop* de reprodução etc.)

Figura 3.13 – Barra de entrada de notas na partitura

Nota: Para ativar a inserção de notas pelo teclado ou pelo *mouse*, basta clicar no primeiro ícone ou utilizar o atalho "N". O valor de nota será sempre referente ao selecionado nessa barra.

Figura 3.14 – Barra de seleção de elementos complementares (sustenido, bemol, ligaduras, ponto de aumento, inversão de haste etc.)

Figura 3.15 – Seleção de vozes para polifonias e/ou harmonias

Paletas

A barra "Paletas" (Figura 3.16) é uma das principais barras do MuseScore e está localizada na lateral da janela principal do programa. Nela estão disponibilizados diversos recursos musicais que podem ser usados diretamente na partitura a fim de agilizar a seleção de materiais para a editoração. A barra é configurável e pode ser otimizada de acordo com as preferências de quem utilizará o programa. A fim de ativar e configurar a ferramenta "Paletas" na partitura, deve-se observar os passos descritos a seguir:

- Para abrir a barra "Paletas", é preciso selecionar a janela no *menu* "Visualizar" ou utilizar o atalho de teclado "F9". É possível desencaixar a barra clicando-se duas vezes na parte superior ou na "seta dupla" ao lado do botão "X", comando que fecha toda a barra de "Paletas".

- A fim de configurar os recursos disponíveis na barra "Paletas", deve-se clicar no botão "Adicionar Paletas". Nesse *menu*, aparecem diversos recursos disponíveis para serem inseridos pelo usuário na barra. Para selecionar as ferramentas desejadas, basta clicar no botão "Adicionar". Também é possível reconfigurar as paletas de acordo com as preferências do usuário. Para tal, deve-se clicar em "Adicionar Paletas" e, depois, em "Criar Paleta Customizada". Depois de nomear o projeto de customização, é preciso clicar no botão "Mais" ao lado da nova paleta, clicar e arrastar o recurso para dentro do novo local ou utilizar o atalho "Ctrl+Shift".

- Para remover um item personalizado da barra ou ocultar algumas das ferramentas-padrão do programa, é preciso clicar nos três pontos ao lado do nome do recurso. Isso permite não somente ocultar a paleta, mas também inserir novos recursos e configurar a ferramenta por meio de um *menu* específico de ajustes de cada uma das paletas.
- Já para expandir os materiais em cada uma das paletas, deve-se clicar na seta ao lado do nome do recurso. Os materiais são exibidos na própria barra de "Paletas" e podem ser aplicados na partitura.
- Para aplicar os materiais das "Paletas" direto nas partituras, basta selecionar os elementos na barra e arrastá-los com o *mouse* para o local desejado na partitura. Caso isso não seja possível, o programa exibe um sinal que denota esse impedimento. Em alguns recursos, como mudança de clave ou fórmulas de compasso, deve-se selecionar o compasso a ser modificado e clicar na alteração desejada na barra de "Paletas". O recurso é aplicado automaticamente no compasso selecionado.
- Caso o elemento adicionado contenha algum texto, as alterações podem ser feitas diretamente na partitura e na barra "Inspetor", posicionada no lado direito da tela do programa. Para alterar o texto inserido na partitura por meio de "Paletas", basta clicar duas vezes no texto e redigir utilizando o teclado do computador.

A seguir, na Figura 3.16, observe a ferramenta "Paletas" com algumas abas abertas para a inserção de elementos diretamente na partitura.

Figura 3.16 – Abas abertas da ferramenta "Paletas"

Inspetor

"Inspetor" (Figura 3.17) é uma aba de configurações localizada no lado direito da janela de trabalho geral do MuseScore. Nela estão organizadas todas as propriedades de configuração de qualquer elemento selecionado na partitura. Assim, ao selecionar qualquer parte da partitura, o "Inspetor" exibe várias edições possíveis para aquele objeto ou algumas modificações básicas, caso sejam selecionados materiais diferentes no documento.

Para exibir o "Inspetor", basta selecioná-lo no *menu* "Visualizar" ou utilizar o atalho "F8". Para mudar o local da ferramenta ou utilizá-la no modo flutuante, é preciso seguir os mesmos passos que se aplicam à ferramenta "Paletas" (clicar duas vezes na parte superior ou utilizar o botão de desencaixar). No "Inspetor", é possível elaborar algumas formatações específicas de exibição dos elementos na partitura. Duas abas são mais comuns em vários tipos de informações em uma editoração musical: "Elementos" e "Segmento". Uma terceira aba aparece no "Inspetor" de acordo com o elemento selecionado. No entanto, especificamente ao selecionar textos, um conjunto de configurações próprias surge para a seleção de fontes, alinhamentos, tamanho de letras, entre outras formatações.

- **Elemento**: possibilita selecionar a opção de deixar visível ou não determinado símbolo no documento final, ajustar a distância entre os elementos e promover outros ajustes de localização na pauta.
- **Segmento**: barra que permite o ajuste rápido para o espaçamento entre os elementos da partitura.

- **Acorde**: formatação de distância entre as cabeças de nota em um acorde, ocultamento e mudança de direção de haste nas notas.
- **Nota**: alterações na nota selecionada, como afinação para a reprodução, tipos de cabeça de nota, posicionamento e outros ajustes.

Outras abas de configurações no "Inspetor" são: "Barra de Compasso", "Pausa", "Fórmula de Compasso", "Clave", "Articulação", "Linha", além de outros recursos específicos para ajustes finos na partitura.

A seguir, na Figura 3.17, observe algumas das abas abertas da ferramenta "Inspetor", ao se clicar em uma nota da partitura. Quando se pressiona o botão do *mouse* em outros elementos, a ferramenta apresenta outras abas de configuração.

Figura 3.17 – Ferramenta "Inspetor"

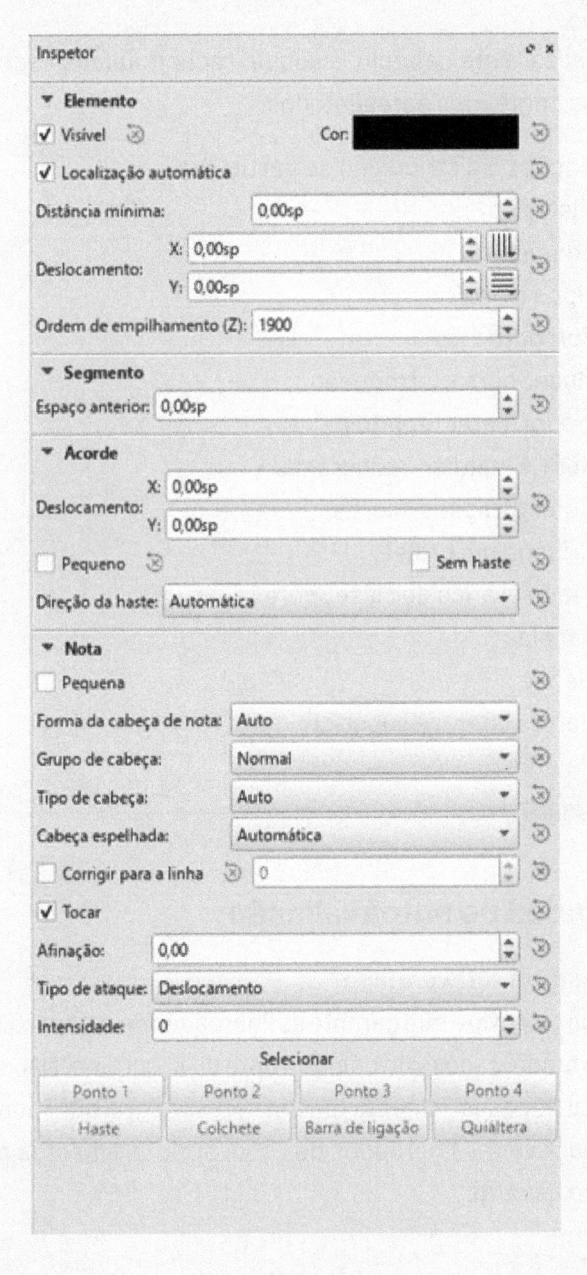

Síntese

Para finalizar este capítulo, a seguir, recapitulamos esquematicamente os conteúdos apresentados:

- Aplicações e distribuição de partituras
  - Histórico
- Introdução
  - Tipos de *software*
  - *Software* livre
  - MuseScore – introdução
- Criar e formatar projetos
  - Abrir e instalar o programa
  - Configurações iniciais
  - Criando um projeto
- Interface gráfica do MuseScore
  - Janelas
  - *Menus*
  - Barras lateral e superior
  - Paletas
  - Inspetor

Atividades de autoavaliação

1. O que é um *software* livre?
   a) Um *software* que garante as liberdades de compartilhamento e modificações do código-fonte do programa. Não se constitui necessariamente em um *software* gratuito, porém assegura várias liberdades de uso e aprimoramentos por parte do usuário.

b) Um *software* gratuito que pode ser distribuído por qualquer empresa. Contudo, as modificações são exclusivas do distribuidor e não podem ser alteradas pelo usuário.

c) Um programa pago que pode ser distribuído gratuitamente com limitações, fazendo com que o usuário experimente um pouco o *software* antes da compra.

d) Um *software* gratuito e ilimitado, mas que tem sua programação fechada por questões de direito de autoria.

e) Nenhuma das alternativas anteriores.

2. No MuseScore, no *menu* "Criar Nova Partitura", é possível:
   a) selecionar os formatos de folha e páginas. O restante é configurado no decorrer da edição do documento.
   b) selecionar todos os elementos presentes na partitura, como formação instrumental, claves, formatos de pauta ou *templates* de fábrica com ajustes pré-configurados.
   c) selecionar apenas *templates* de fábrica e modificar as configurações de fábrica de acordo com as necessidades da obra editada.
   d) selecionar apenas os instrumentos, uma vez que, com essa seleção, todos os outros elementos da partitura seguem apenas as regras da escrita de cada instrumento.
   e) Nenhuma das alternativas anteriores.

3. Sobre os formatos de arquivo do MuseScore, assinale a alternativa correta:
   a) O único formato aceito é o padrão do programa (.mscz).
   b) Aceita apenas arquivos .mscz e arquivos de texto, como .pdf.

c) Além do formato padrão do programa (.mscz), o MuseScore aceita vários outros formatos de arquivo, tanto para a abertura quanto para a exportação.

d) O MuseScore aceita vários formatos para abertura, porém exporta apenas em .mscz e .pdf.

e) O MuseScore aceita apenas formatos de abertura .mscz, porém exporta em vários formatos de arquivo diferentes.

4. Identifique as quatro principais abas do MuseScore:
   a) "Menus Laterais", "Barra de Ferramentas", "Paletas" e "Inspeção de Documento".
   b) "Menus", "Barra de Edição", "Barra de Ferramentas" e "Documentos".
   c) "Menus", "Paletas", "Inspetor" e "Editor".
   d) "Menus Superiores", "Menus Inferiores" e "Menus Laterais" e "Documento central".
   e) "Menus Superiores", "Barra de Ferramentas", "Inspetor" e "Paletas".

5. No MuseScore, qual é a função do *menu* "Paletas"?
   a) Inserir os elementos gráficos musicais na partitura.
   b) Configurar os elementos gráficos já inseridos na partitura.
   c) Ajustar textos e formatações de página.
   d) Abrir, salvar e exportar documentos.
   e) Nenhuma das alternativas anteriores.

Atividades de aprendizagem

Questões para reflexão

1. Manusear um *software* exige estudo e comprometimento similares ao que muitos músicos dedicam rotineiramente a seu instrumento. É preciso sempre revisar e exercitar os locais nos quais cada ferramenta está disponível e a função de cada parâmetro. Você conseguiu acompanhar a leitura enquanto manuseava o MuseScore? Quais são as funções de cada *menu* apresentado?

2. Busque formatar suas primeiras partituras seguindo os modelos de *template* do programa. Recorra a um dos modelos já instalados no MuseScore e procure replicá-los em um novo documento em branco, lembrando-se de nunca salvar sobre o *template* original. Depois de recriar um *template*, refaça outros exemplos de obras que você conhece para praticar as configurações iniciais do documento. Recriar obras já editadas é um importante exercício de prática no *software*!

Atividade aplicada: prática

1. *Templates* são boas ferramentas para otimizar o processo de configuração inicial de um documento, uma vez que vários grupos instrumentais são comuns em composições musicais e podem ser reorganizados para diversas edições musicais diferentes. Antes de iniciar a escrita de uma partitura no MuseScore, explore os *templates* no programa, compreenda as diferentes formações instrumentais existentes e, à medida que for adquirindo fluência no *software*, crie seus *templates* e busque novos arquivos criados pela comunidade de usuários na rede.

Capítulo 4
EDITORAÇÃO MUSICAL: ELEMENTOS PRINCIPAIS

Tendo compreendido as funcionalidades e configurações disponíveis no MuseScore, o editor já pode começar a escrever a obra musical na partitura com todos os elementos desejados. Para elucidarmos o processo de editoração no *software*, neste capítulo, demonstraremos passo a passo os procedimentos de inserção dos elementos da partitura: notas, pausas e letras em um documento original. Para tanto, apresentaremos a reedição de um documento de uma música pré-editada e transcrita no MuseScore utilizando os recursos do programa, as ferramentas de interface e os atalhos de teclado disponíveis para facilitar o processo de editoração musical.

Fique atento!

No decorrer dos próximos capítulos, utilizaremos a Partitura 4.1, referente à obra *Canção da fonte*, como modelo para exemplificar o processo de edição de um novo documento no MuseScore. Todos os passos do processo de edição da obra serão ilustrados por meio de imagens. Nosso propósito é esclarecer a utilização das ferramentas disponíveis nesse *software* e mostrar a aplicação dos recursos nesta reedição da referida obra.

Partitura 4.1 – *Canção da fonte*, de Oscar Lorenzo Fernández

Fonte: Fernández, 2022.

4.1 Compasso, pauta e sistema

Como apresentado no capítulo anterior, ao abrir o MuseScore, o programa apresenta a "Tela Inicial", na qual é possível criar uma partitura. Também se pode abrir a janela de edição de novos documentos no *menu* "Arquivo", no atalho de teclado "F4" ou no atalho "Ctrl + N". Definidas todas as configurações de títulos e instrumentação, na janela "Novo Assistente de Configuração de Partitura" o programa apresenta um projeto em branco, no qual constam apenas as informações gerais já editadas no documento. Vale ressaltar que todas as alterações de texto podem ser realizadas também na partitura; para isso, basta clicar duas vezes sobre o texto e inserir as novas informações no local de texto e as modificações na formatação na barra "Inspetor".

A seguir, na Figura 4.1, verifique a tela do MuseScore depois das configurações no "Novo Assistente de Configuração de Partitura" e de ajustes manuais nos textos informativos do documento.

Figura 4.1 - Tela do MuseScore após as configurações no "Novo Assistente de Configuração de Partitura"[1]

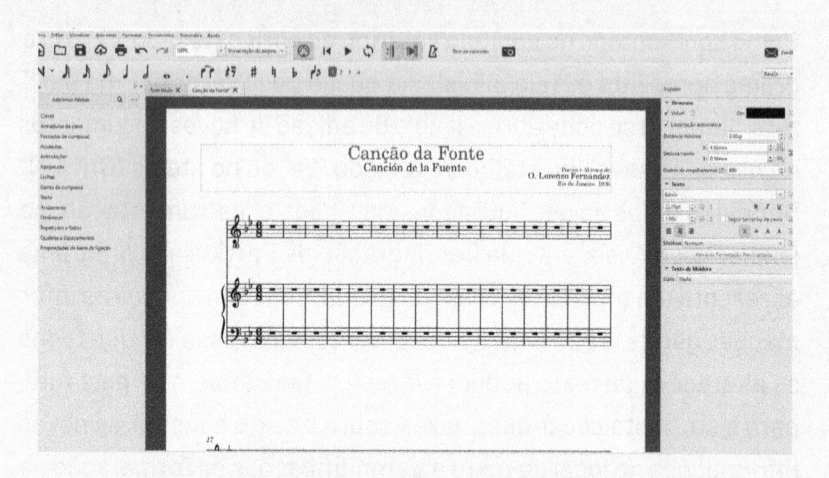

Os recursos de pautas, armaduras de clave e fórmulas de compasso são ajustados diretamente no assistente de configuração, porém as pautas e o instrumental também podem ser configurados novamente no *menu* "Instrumentos" ("Editar" → "Instrumentos" ou atalho "I"). Na janela de configuração "Instrumentos", é possível modificar o tipo de pauta (número de linhas, tablaturas e outros formatos) no mesmo local onde se encontra a ordem dos instrumentos utilizados na partitura. Logo à direita da lista de instrumentos já escolhidos para o documento, pode-se selecionar a clave inicial e o tipo de pauta para cada instrumento, incluindo aqueles que utilizam duas pautas simultâneas, como alguns instrumentos de tecla ou percussão (pianos, harpas, marimbas, cravo etc.) (Figura 4.2).

---

1 Como no capítulo anterior, as imagens deste capítulo foram produzidas pelo autor desta obra por meio da plataforma MuseScore (Schweer, 2020) instalada em computador pessoal.

Figura 4.2 – *Menu* "Instrumentos"

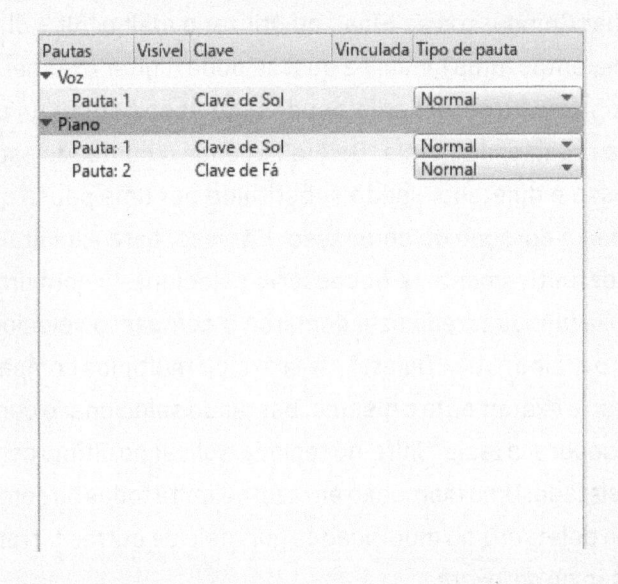

Pautas	Visível	Clave	Vinculada	Tipo de pauta
▼ Voz				
Pauta: 1		Clave de Sol		Normal
▼ Piano				
Pauta: 1		Clave de Sol		Normal
Pauta: 2		Clave de Fá		Normal

No *menu* de configuração de novas partituras, é possível inserir uma quantidade específica de compassos após a seleção da armadura de clave, no mesmo local de configuração de fórmula de compasso, anacruse e andamento (o *software* configura, por padrão, 32 compassos). No entanto, também é possível inserir e deletar compassos durante a edição do documento por meio dos *menus* superiores ou por atalhos no teclado. Para inserir um único compasso, o usuário deve selecionar um compasso na pauta e ir ao *menu* "Adicionar" → "Compassos" → "Inserir um Compasso" ou utilizar a tecla "Insert". Com isso, um novo compasso é adicionado após o compasso selecionado na partitura.

Para adicionar compassos vazios ao final do sistema, o caminho é quase o mesmo: deve-se clicar em "Adicionar" → "Compassos" → "Adicionar um Compasso ao Final" ou utilizar o atalho "Ctrl + B". Para adicionar múltiplos compassos ao final, é preciso selecionar a opção "Adicionar Compassos ao Final" ou utilizar o atalho "Alt + Shift + B"; aparece, então, uma janela na qual se pode digitar o número exato de compassos a serem adicionados. Ao escolher um único compasso e pressionar a tecla "Delete", apenas o conteúdo escrito no compasso é deletado, sendo substituído por uma pausa que ocupará toda a duração do compasso. Por isso, para excluir um compasso definitivamente, é necessário selecioná-lo com um clique do *mouse* (um quadrado azul demarca o compasso selecionado) e utilizar o atalho "Ctrl + Delete". Para excluir múltiplos compassos, o processo é exatamente o mesmo, bastando selecionar o compasso inicial, segurar a tecla "Shift" no teclado e clicar no último compasso a ser deletado. Uma marcação em azul delimita todos os compassos a serem deletados ou modificados por meio de outras ferramentas de edição no *software*.

  Uma ferramenta bastante útil no MuseScore diz respeito à possibilidade de excluir todos os compassos em branco em uma partitura após a edição com um único atalho. No *menu* "Ferramentas" → "Remover Compasso de Arrasto Vazio", o programa elimina todos os locais sem nenhuma informação inserida da partitura. Caso o usuário queira agrupar todos os compassos vazios para facilitar a leitura e reduzir a quantidade de informação dispensável do documento (muito usual em partituras de músicas populares e *songbooks*), é necessário utilizar o atalho de teclado "M" e, automaticamente, o *software* agrupa os compassos vazios e indica a quantidade de compassos em branco que estão agrupados em determinado momento da obra musical.

  O *software* também permite criar "Compassos de Espera", que consistem na união de vários compassos que mantêm os valores da fórmula de compasso sem exibir as barras de compasso. Trata-se de um recurso muito utilizado para a escrita de obras corais, exercícios de contraponto ou notação em música contemporânea. Para tanto, basta selecionar a barra de compasso e utilizar o atalho "Ctrl + Delete" ou escolher múltiplos compassos e seguir no *menu* "Ferramentas" → "Compasso" → "Juntar os Compassos Selecionados".

Na Partitura 4.2, a seguir, observe um exemplo de compassos somados que não exibem as barras de compasso após o preenchimento dos valores rítmicos e a junção de compassos em branco com a numeração.

Partitura 4.2 – Exemplo de compassos somados

4.2 Fórmula de compasso e armadura de clave

Como mencionado anteriormente, as mudanças de claves, fórmulas de compasso e armaduras de clave podem ser configuradas ao se iniciar o programa ou acessar outras janelas de configuração, depois de ajustar os detalhes do documento na "Tela Inicial". Algumas partituras exigem uma inserção de elementos e formatações complexas, por conta das características da obra musical. Nesse sentido, a fim de permitir a editoração de partituras mais elaboradas, o MuseScore oferece várias ferramentas aos usuários.

Os ajustes de compasso, clave e armadura podem ser realizados ou inseridos na janela "Paletas". Caso sejam aplicados no primeiro compasso da partitura, as informações são modificadas em todas as pautas; porém, se o usuário aplicar as alterações em outros compassos, o programa faz as mudanças do compasso selecionado em diante. O recurso "Paletas" é fundamental para alterações de compasso ou modulações que ocorram durante a obra musical (Figura 4.3). As modificações de fórmula de compasso não podem ser aplicadas caso haja alguma informação já inserida na pauta; contudo, ao se aplicar uma nova armadura de clave ou clave de leitura, o MuseScore faz a transposição das notas inseridas no compasso automaticamente.

Figura 4.3 – Tela do MuseScore com alterações de fórmula de compasso, claves e armaduras de clave aplicadas com o assistente "Paletas"

Importante!

Lembre-se de que modulações são alterações na tonalidade da peça musical que ocorrem ao longo da composição. Em alguns casos, é comum aplicar uma mudança na armadura de clave para sinalizar a modulação harmônica para o intérprete ou regente durante a leitura da música.

Para configurar questões específicas dos compassos na partitura, o MuseScore oferece a ferramenta "Propriedades da Fórmula de Compasso", acessível por meio de um clique com o botão direito do *mouse* sobre o compasso na partitura. Com essa ferramenta, é possível fazer ajustes de visualização do compasso: modificar os valores possíveis do compasso sem alterar a grafia da fórmula de compasso na partitura, escolher um formato de agrupação de notas na junção dos colchetes, além de outras personalizações.

Para evitar problemas de transposição automática (ao inserir novas armaduras de clave, modificar a instrumentação para instrumentos transpositores ou utilizar atalhos rápidos de alteração nas alturas de nota) ou com valores rítmicos nos compassos, recomenda-se inserir os dados de tonalidade e fórmulas de compasso já nos compassos corretos antes de inserir as notas e outros elementos da partitura. Configurar toda a pauta antes de escrever os dados no pentagrama viabiliza uma melhor digitação em todo o documento. Com isso, a editoração acontece de maneira mais fluida, sem dificuldades na formatação das páginas e na inserção dos elementos durante a escrita da partitura.

Na Figura 4.4, a seguir, mostramos a janela de configurações de compasso e a partitura configurada para a reedição da obra *Canção da fonte*, com o número exato de compassos, a armadura de clave, o instrumental e a fórmula de compasso.

Figura 4.4 – Janela de configurações de compasso e partitura configurada para a reedição da obra *Canção da fonte*

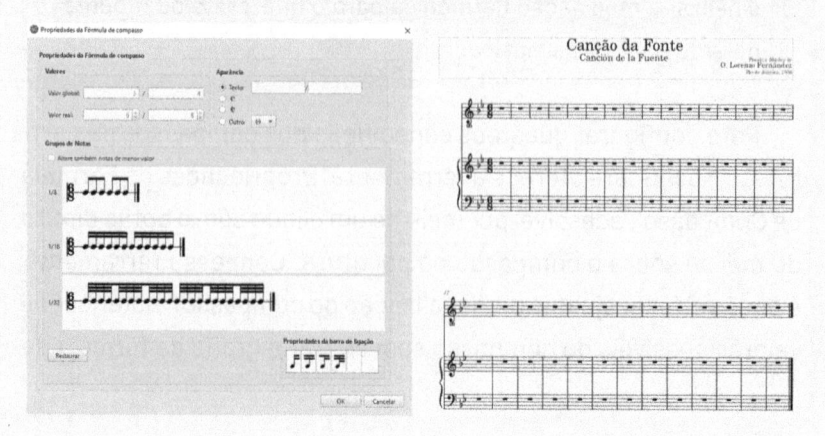

4.3 Entrada de alturas e ritmos

Existem três maneiras básicas de inserir notas no MuseScore: (1) utilizando-se o *mouse* e clicando-se nos lugares desejados; (2) por meio de atalhos no teclado que aproximam a editoração da partitura de uma escrita de texto convencional; e (3) mediante um teclado virtual que opera com informações MIDI ou com teclados ou outros equipamentos MIDI para aqueles que dispõem desse tipo de equipamento. Abordaremos mais detidamente cada uma dessas opções; porém, é importante ressaltar que os recursos do programa têm seu foco em usuários domésticos, ou seja, os meios de uso com o *mouse* e o teclado são mais funcionais para qualquer pessoa e não dependem de configurações complexas para serem utilizados.

Para inserir notas na partitura, é preciso, em primeiro lugar, habilitar a função "Enviar Notas com o Mouse ou Teclado" na barra de entrada de notas logo abaixo do ícone de acesso rápido ao *menu* de criação de novas partituras. O ícone consiste em uma letra "N" estilizada com uma cabeça de nota e uma seta ao lado, em que é possível escolher uma das diferentes formas de escrita disponíveis no MuseScore (a imagem do ícone pode ser visualizada na Figura 4.5). A função de habilitar a inserção de notas também é acessível pelo atalho de teclado "N". No entanto, esse atalho não permite a escolha rápida de uma das opções de escrita, apenas habilita a função previamente selecionada pelo usuário.

O *menu* "Enviar Notas com o Mouse ou Teclado" oferece os modos de entrada de notas expostos na Figura 4.5.

Figura 4.5 – *Menu "Enviar Notas com o Mouse ou Teclado"*

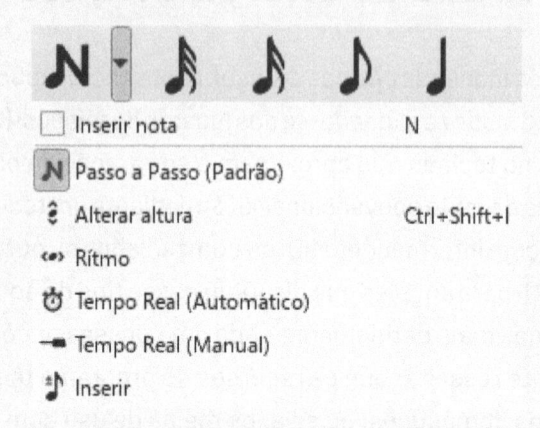

☐ Inserir nota	N
N Passo a Passo (Padrão)	
↕ Alterar altura	Ctrl+Shift+I
⟨♪⟩ Rítmo	
⏱ Tempo Real (Automático)	
— Tempo Real (Manual)	
♪ Inserir	

- **"Passo a Passo (Padrão)"**: trata-se do modo convencional de inserção de notas na partitura. O usuário deve selecionar o valor rítmico ao lado do ícone "N" e utilizar o *mouse* ou o teclado para escrever as notas no pentagrama.
- **"Alternar altura"**: permite a mudança de alturas em notas já escritas no pentagrama sem alterar os valores rítmicos. A mudança é feita utilizando-se teclados MIDI ou o piano virtual presente no MuseScore.
- **"Ritmo"**: permite a mudança dos valores rítmicos sem alterar as alturas pré-escritas na partitura. Aqui, os valores são alterados usando-se os atalhos numéricos no teclado, o que possibilita fazer uma mudança rápida dos padrões rítmicos na pauta.
- **"Tempo Real (Automático)"**: nas duas opções chamadas "Tempo Real", é possível inserir notas no pentagrama utilizando-se um piano virtual ou um teclado com informações MIDI que esteja configurado no MuseScore. O programa apresenta limitações de reconhecimento nos valores rítmicos executados e, quando a opção "Tempo Real (Automático)" é selecionada, o teclado do

computador fica indisponível para a inserção de informações na partitura, além de ser impossível inserir ritmos de durações menores do que os valores selecionados na barra de ferramentas ou editar múltiplas vozes simultaneamente.

- **"Tempo Real (Manual)"**: funciona de maneira similar à função "Tempo Real (Automático)", mas, aqui, as notas são inseridas depois de se pressionar a tecla "Enter" no teclado numérico; para utilizar a função "Tempo Real (Manual)", o usuário deve selecionar um valor rítmico na barra de ferramentas, pressionar a altura de nota no piano virtual ou teclado MIDI e utilizar a tecla "Enter" para inserir a nota no pentagrama.
- **"Inserir"**: essa ferramenta serve para inserir notas entre outras notas dentro de compassos que já tenham sido preenchidos. Com isso, os valores rítmicos são "empurrados" para o compasso seguinte, permitindo-se a correção de possíveis erros durante a escrita.

Como a própria ferramenta determina, o modo de entrada mais usual no MuseScore é a opção "Passo a Passo (Padrão)", que permite a escrita por meio do *mouse* e do teclado do computador, com a possibilidade de alternância de valores rítmicos e de alturas de nota. Ao criar um documento, todos os compassos são preenchidos automaticamente com valores de pausas referentes à totalidade do compasso. O padrão se repete ao se inserirem notas em um compasso sem preenchê-lo totalmente: o programa o completa com pausas para evitar problemas na reprodução em áudio e erros de editoração musical.

Como já mencionamos, o primeiro passo é habilitar o modo de entrada de notas clicando no ícone ou utilizando atalho de teclado ("N"). Automaticamente, o *software* também seleciona um valor rítmico ao lado da ferramenta de inserção de notas – normalmente, uma semínima. O segundo passo é, justamente, selecionar um sinal rítmico na barra de ferramentas: basta clicar sobre a altura de nota pretendida no pentagrama, e o MuseScore adiciona a nota com o valor rítmico selecionado. Caso o editor clique em outra nota no mesmo local onde um valor já foi adicionado, o programa forma um intervalo imediatamente, ligando as hastes e os colchetes. Se o usuário quiser seguir escrevendo uma melodia ou sequência de acordes, tem de clicar no tempo seguinte dentro do compasso. Vale lembrar que o MuseScore não permite ultrapassar os limites do compasso caso este já tenha sido preenchido ou o sinal rítmico selecionado não caiba no local indicado. Nesses casos, o programa preenche o espaço com uma pausa de valor correspondente ao local não preenchido.

Para alguns ajustes nas notas, como acidentes ou elementos gráficos, é possível utilizar diretamente o *menu* "Paletas" ou a barra de ferramentas superior. Para isso, basta desabilitar o modo de entrada de notas, clicar sobre a nota desejada e escolher o recurso nas "Paletas" ou na barra de ferramentas, a fim de que seja aplicado diretamente sobre a nota (todos os itens selecionados na partitura ficam em azul na tela de edição do documento). Alguns recursos mais avançados podem não estar disponíveis na barra de ferramentas básica. Para habilitá-los, deve-se selecionar o modo "Avançado" no canto esquerdo da barra de ferramentas para expandir todos os recursos disponíveis no local. O modo "Avançado" da barra de ferramentas também pode ser habilitado no *menu* "Visualizar" → "Áreas de Trabalho" → "Avançado", em que é possível reconfigurar toda a área de trabalho de acordo com as preferências do usuário (Figura 4.6).

Figura 4.6 – Barra de ferramentas com todos os recursos disponíveis no modo "Avançado"

Muitos atalhos de teclado agilizam o processo de escrita, podendo-se combinar esses atalhos com cliques no *mouse* para fazer ajustes específicos na partitura. Alguns atalhos de teclado utilizados no MuseScore são:

- **Setas para cima ("↑") e para baixo ("↓")**: depois de se adicionar a nota e selecioná-la, é possível utilizar as setas para cima e para baixo a fim de alterar a altura de nota em meio tom.
- **Setas para a direita ("→") e para a esquerda ("←")**: a fim de mover a seleção de uma nota para outra sem precisar utilizar o *mouse*, basta usar as setas para a esquerda e para a direita. Com isso, a nota seguinte na pauta é selecionada para alterações ou remoção.
- **"Alt"**: ao se pressionar essa tecla e utilizar qualquer uma das setas no teclado, a seleção "caminha" de maneira diferente: ao se recorrer às teclas para cima ou para baixo segurando a tecla "Alt", o programa não muda a altura em meio tom, mas seleciona as notas superiores ou inferiores em um acorde ou na escrita polifônica. O mesmo ocorre quando se usam as setas para a esquerda ou para a direita mantendo-se pressionada a tecla "Alt".
- **"Shift" + "Alt"**: utilizando-se essas duas teclas simultaneamente mais as setas no teclado, o programa altera a altura de nota seguindo a escala da armadura de clave em graus conjuntos.

> **Importante!**
>
> Grau conjunto em música corresponde às notas imediatamente inferiores ou superiores, seguindo-se uma escala musical determinada. É denominado também *intervalo de 2ª*.

- **"Ctrl"**: segurar a tecla "Ctrl" e utilizar as setas para cima ("↑") e para baixo ("↓") altera a nota selecionada em uma oitava superior ou inferior. O MuseScore modifica a cor da cabeça de nota para vermelho quando a nota não corresponde à extensão do instrumento.

> **Importante!**
>
> Por *extensão do instrumento*, nesse caso, entendem-se todas as notas que são possíveis de serem alcançadas por determinado instrumento musical.

- **"J"**: quando se seleciona determinada nota e se pressiona essa tecla, o programa altera a nota para um valor enarmônico. Pressioná-la por várias vezes faz a nota passar por todas as alturas enarmônicas até voltar ao valor inserido originalmente.

> **Importante!**
>
> Notas enarmônicas recebem nomenclaturas diferentes, porém correspondem ao mesmo som ou altura. Por exemplo, *Dó sustenido* e *Ré bemol* são nomes distintos que designam a mesma altura no sistema musical aqui considerado.

É possível inserir todos os valores rítmicos e alturas de nota no pentagrama por meio do teclado, sem a necessidade de utilizar o *mouse* e selecionar cada material com cliques e ações mais complexas. O MuseScore conta com alguns atalhos no teclado que são habilitados quando se utiliza o modo de entrada de notas ("N"). Assim, quase todos os elementos musicais podem ser adicionados diretamente do teclado do computador, o que facilita o processo de escrita. Contudo, alguns recursos específicos na escrita só estão disponíveis para inserção no documento mediante a barra de ferramentas ou das "Paletas". Por essa razão, obras com elementos pouco usuais em peças musicais tradicionais só podem ser editadas combinando-se recursos de atalhos no teclado e ajustes com o *mouse*.

Os sinais são inseridos na partitura no local em que a seleção em azul está marcada no documento. Os atalhos no teclado para a entrada de ritmos são os seguintes (os valores rítmicos de longa e quartifusa não têm atalhos):

- ⊠ → Breve: tecla "8"
- ○ → Semibreve: tecla "7"
- ♩ → Mínima: tecla "6"
- ♩ → Semínima: tecla "5"
- ♪ → Colcheia: tecla "4"
- ♬ → Semicolcheia: tecla "3"
- ♬ → Fusa: tecla "2"
- ♬ → Semifusa: tecla "1"

Para a entrada de alturas de notas, os atalhos de teclado são os listados a seguir:

- Dó: tecla "C"
- Ré: tecla "D"

- Mi: tecla "E"
- Fá: tecla "F"
- Sol: tecla "G"
- Lá: tecla "A"
- Si: tecla "B"
- Pausa: tecla "0" (zero)

Para inserir quiálteras, o programa oferece algumas opções. Para inserir valores que vão de 2 a 9, é preciso selecionar o local onde a quiáltera será inserida e um valor rítmico na barra de tarefas. Tal valor deverá corresponder ao total a ser preenchido pela quiáltera (por exemplo: para inserir três colcheias em um espaço onde caberiam duas, é necessário selecionar a semínima na barra de tarefas, tendo em vista que esse valor preenche o espaço de duas colcheias). Depois, basta ir ao *menu* "Adicionar" → "Quiálteras" e escolher o valor desejado ou utilizar o atalho "Ctrl" mais o número desejado com o modo de inserção de notas ativado. Para alterar um valor já inserido para uma quiáltera que preencha tal espaço, o usuário deve selecionar a nota fora do modo de inserção de notas e utilizar o atalho "Ctrl" mais o número. O MuseScore calcula automaticamente qual figura rítmica encaixa no valor selecionado no teclado numérico. Para ajustes mais precisos nas quiálteras, deve-se recorrer ao *menu* "Adicionar" → "Quiálteras" → "Outras", em que é possível ajustar valores diversos de quiálteras no *software*.

Na Partitura 4.3, a seguir, observe um exemplo de quiáltera em que três colcheias ocupam o espaço de duas. Nesse caso, a duração das duas colcheias é subdividida em três tempos iguais em vez de dois.

Partitura 4.3 – Exemplo de quiáltera (em destaque)

Outros atalhos essenciais para a edição por meio do teclado do computador são:

- **Ponto de aumento**: deve ser selecionado com o valor rítmico utilizando-se a tecla ".". O ponto de aumento fica selecionado até ser desativado ou até que o valor rítmico seja alterado. Para a inserção de dois ou mais pontos, a seleção do recurso deve ser feita manualmente na barra de ferramentas.
- **Ligadura de nota**: ao se pressionar a tecla "+", a nota selecionada cria uma ligadura com a nota seguinte. Esse recurso adiciona automaticamente uma nota de igual altura na sequência da nota selecionada de duração rítmica equivalente aos valores escolhidos na barra de ferramentas.
- **Inversão de haste**: ao selecionar uma nota, basta pressionar o botão "X" para inverter a posição da haste. Trata-se de um recurso importante na escrita polifônica.

Para escrever acordes e intervalos harmônicos, existem duas maneiras de adicionar notas usando-se o teclado, além de inserir notas manualmente com o *mouse*. Pressionando-se a tecla "Shift" e digitando-se algum dos atalhos de altura de nota, o programa insere imediatamente uma nota equivalente à tecla pressionada acima da nota anteriormente selecionada. Contudo, o *software* seleciona a nova nota inserida de forma automática, por isso é importante ter cuidado ao escrever acordes rapidamente, a fim de evitar erros de escrita. Ao se utilizar a tecla "Alt" mais qualquer número no teclado numérico, o MuseScore insere um intervalo equivalente ao número digitado, também selecionando automaticamente a nova nota adicionada, o que igualmente demanda atenção ao se escolherem os intervalos que compõem o acorde da obra musical.

Na Partitura 4.4, a seguir, observe uma edição prévia de alguns elementos da obra *Canção da fonte*, os quais foram inseridos utilizando-se os recursos do *mouse*, atalhos de teclado, a barra de ferramentas e o *menu* "Paletas".

Partitura 4.4 – Edição de alguns elementos da obra *Canção da fonte*

Nota: Algumas notas apresentam acidentes entre parênteses. Esse recurso é denominado *acidente de precaução* e existe para orientar a leitura da partitura. Ele apenas reforça o acidente presente na nota em questão para facilitar a compreensão da altura correta da nota. Para inseri-lo no MuseScore, o usuário deve, antes, adicionar um acidente utilizando a barra de ferramentas ou as "Paletas" → "Acidentes". Depois de inserir o sinal, basta selecionar o acidente na partitura com o *mouse* e inserir os parênteses no mesmo *menu* de "Acidentes", na barra "Paletas".

Portanto, o passo a passo para a escrita musical por meio do teclado é o seguinte:

- habilitar a entrada de notas no ícone ou pressionando a tecla "N";
- escolher o valor rítmico mediante os atalhos numéricos no teclado;
- inserir a nota desejada por meio das letras de atalho correspondentes à altura desejada – para inserir uma pausa, basta selecionar a duração desejada no teclado numérico e usar o botão "0" (zero) para inserir o símbolo de pausa correspondente;
- usar a tecla "Ctrl" + "↑" ou "↓" para ajustar a oitava correta, caso necessário;
- utilizar as teclas "↑" ou "↓" para correções e ajustes;
- recorrer à tecla "J" para alterar enarmonicamente, se necessário;
- finalizar a escrita e aplicar outros elementos presentes na partitura que não podem ser inseridos com o teclado.

4.4 Notação homofônica e polifônica

O MuseScore aceita a escrita de múltiplas vozes para a edição de obras polifônicas, contrapontos e harmonias mais elaboradas. O *software* permite um máximo de quatro vozes por pentagrama. Em uma primeira impressão, isso pode parecer limitado, porém a regra de um limite máximo de quatro vozes por pauta é seguida por diversas outras ferramentas proprietárias no mercado, e dificilmente uma obra exigirá mais do que quatro vozes simultâneas em um mesmo pentagrama.

Para a digitação de obras homofônicas, basta selecionar a voz número um na barra de tarefas e manter a seleção até o final da editoração. Ao estabelecer apenas uma voz ativa, pode-se editar todos os posicionamentos de cabeças de notas, hastes e elementos da partitura de maneira mais fácil e sem conflitos com outros elementos em outras vozes que possam ter sido adicionadas por engano.

A seleção das vozes é feita na barra de ferramentas (Figura 4.7). Ao lado do ícone de inversão de haste, basta clicar no número referente à voz desejada para começar a inserir notas na partitura.

Figura 4.7 – Barra de ferramentas com destaque para a seleção de "Vozes"

No modo de entrada de notas, pode-se selecionar as diferentes vozes utilizando o atalho "Ctrl" + "Alt" + "nº 1 a 4". O programa altera para a voz selecionada por meio do número pressionado no teclado. O MuseScore apresenta cores diferentes para cada voz, o que auxilia na editoração e facilita a leitura. Entretanto, ao salvar o documento em PDF ou imprimir a partitura diretamente pelo programa, as cores são substituídas automaticamente pelo padrão em preto ou pelas cores editadas manualmente no "Inspetor".

Observe a seguir, na Partitura 4.5, um trecho da *Fuga em Sol menor*, também conhecida como *Pequena fuga* (Bach, 2022), de Johann Sebastian Bach (1685-1750), editada no MuseScore. Na pauta superior, é possível observar uma escrita polifônica em um único pentagrama, sendo a terceira voz escrita em clave de Fá na pauta inferior.

Partitura 4.5 - Trecho da *Fuga em Sol menor*, editado no *MuseScore*

Todas as notas inseridas nas diferentes vozes podem ser editadas nos *menus* "Paletas" e "Inspetor". Independentemente da voz editada, todos os recursos de modificações e edições estão disponíveis para ajustes específicos na partitura. O recurso "Inspetor" é particularmente útil para reposicionar elementos como ligaduras e pontos de aumento que, muitas vezes, acabam se sobrepondo aos outros elementos nas diferentes vozes em uma escrita polifônica.

4.5 Notação de cifras

O MuseScore oferece diferentes maneiras de inserir acordes e cifras em uma partitura. As ferramentas permitem a descrição, no documento, de diversos formatos de cifras e acordes, o que possibilita a notação para vários tipos de instrumentos ou uma escrita musical relacionada a vários períodos da história da música, tendo em vista a evolução dos processos de notação harmônica ao longo dos séculos. As quatro principais maneiras de escrita de acordes disponíveis no *software* são: as cifras comuns, escritas na parte superior do pentagrama; a inserção de diagramas representando a posição desejada dos acordes em violões e guitarras; as tablaturas para instrumentos de cordas dedilhadas; e o baixo cifrado.

> **Importante!**
>
> Baixo cifrado, ou baixo contínuo, é um formato de notação musical comumente associado à música barroca, em que os intervalos superiores desejados na formação de um acorde são descritos logo abaixo de uma nota específica escrita no baixo. Normalmente, é utilizado na notação para instrumentos harmônicos como teclas (piano, cravo etc.) ou instrumentos de cordas dedilhadas (alaúde, violão etc.)(Holst, 1998).

4.5.1 Cifras

Para inserir cifras superiores em um pentagrama, deve-se, primeiramente, adicionar as notas ou pausas, para que o programa reconheça o local exato no qual o acorde será inserido. O MuseScore segue a rítmica escrita na partitura e insere os acordes desejados logo acima do sinal de nota ou pausa escrito pelo usuário. Portanto, a escrita de cifras no *software* segue os padrões rítmicos e de altura já editados, sendo possível estabelecer um acorde em cifras para cada elemento inserido na partitura.

Para acessar o *menu* de cifras, é necessário selecionar uma nota ou pausa na partitura e, na sequência, utilizar o *menu* "Adicionar" → "Texto" → "Símbolo de Acorde" ou utilizar o atalho "Ctrl" + "K". Uma caixa de texto aparece sobre a nota selecionada, permitindo a digitação do acorde. Para seguir ao próximo elemento na partitura, basta utilizar a tecla "Espaço", e automaticamente o *software* abre uma caixa de texto na nota seguinte, possibilitando uma escrita mais fluida das cifras em uma partitura. Quando se utilizam os sinais "b" e "#" ao longo da escrita das cifras, o MuseScore imediatamente substitui os caracteres para os sinais de bemol e sustenido, respectivamente, além de ajustar automaticamente os números digitados nas cifras (Partitura 4.6) para sinais de descrição de dissonâncias nos acordes.

Partitura 4.6 – Cifras inseridas sobre notas no MuseScore

4.5.2 Diagramas de acordes

Para inserir diagramas de acordes a fim de agilizar a leitura das cifras em violões e guitarras, deve-se utilizar a barra lateral de "Paletas". No entanto, o *menu* específico para inserir os diagramas não é exibido nas configurações de fábrica do *software*. Em primeiro lugar, é necessário clicar no botão "Adicionar Paletas", procurar a ferramenta "Desenhos de Cifras" e clicar em "Adicionar". Caso a intenção seja alterar a localização da ferramenta nas "Paletas", é necessário clicar e segurar o *menu* "Desenhos de Cifras" que foi adicionado e arrastá-lo com o *mouse* para a posição desejada na barra de "Paletas".

O processo para adicionar os diagramas na partitura é exatamente o mesmo usado nos outros elementos disponíveis na barra de "Paletas": basta clicar duas vezes sobre o desenho desejado quando uma nota está selecionada ou arrastar com o *mouse* o material para a partitura. No *menu* "Desenhos de Cifras", alguns diagramas já estão pré-configurados. Ao se posicionar a seta do *mouse* sobre o desenho, o MuseScore mostra uma pequena caixa de texto com a cifra relativa ao diagrama em questão. Entretanto, para criar diagramas personalizados, o usuário deve inserir qualquer um dos desenhos disponíveis no *menu* "Desenhos de Cifras", selecionar o diagrama posteriormente na partitura e utilizar a barra "Inspetor" para redefinir o desenho do acorde na representação do braço do instrumento, além de outras configurações de texto, cores e formatação (Figura 4.8).

Figura 4.8 – Diagramas de cifras e modificações personalizadas de desenhos de acordes no braço do instrumento inseridos sobre algumas notas no MuseScore

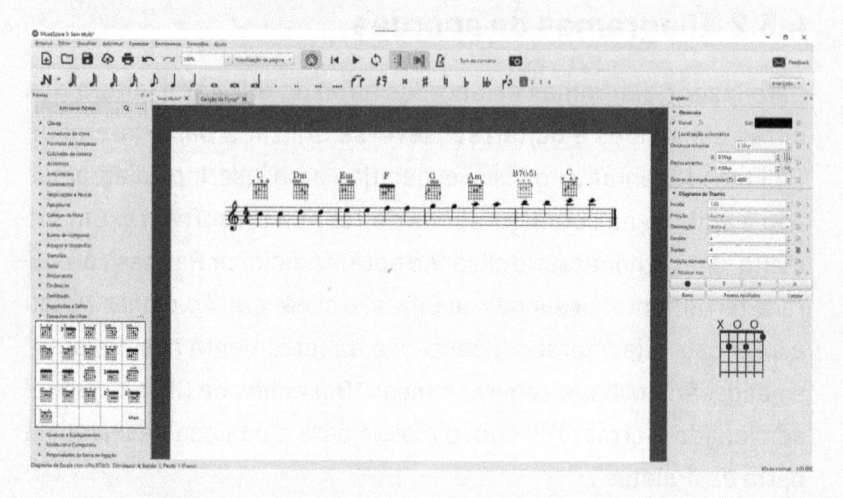

4.5.3 Baixo cifrado

Para inserir sinais de baixo cifrado no MuseScore, o usuário deve seguir o mesmo caminho utilizado para inserir cifras: "Adicionar" → "Texto" → "Baixo Cifrado". Outra opção é usar o atalho de teclado

"Ctrl" + "G". A diferença com relação às cifras está na localização dos sinais na partitura, já que o baixo contínuo é escrito sempre abaixo das notas na linha do baixo, as quais são caracterizadas pelos números dos intervalos a serem tocados pelo intérprete no instrumento a partir da nota de referência. Desse modo, para inserir os números referentes ao intervalo, basta digitá-los no teclado após a seleção da ferramenta "Baixo Cifrado" (Partitura 4.7). Para adicionar mais intervalos abaixo do primeiro número digitado, deve-se utilizar a tecla "Enter" e, assim como na ferramenta "Símbolo de Acorde", ao se pressionar a tecla "Espaço", o programa adiciona uma nova caixa de texto abaixo da nota seguinte na partitura.

Partitura 4.7 – Exemplo de baixo cifrado editado no MuseScore

4.5.4 Tablatura

A escrita de tablatura no MuseScore é bastante intuitiva, embora seja necessário seguir algumas regras durante a digitação dos elementos na pauta, com o objetivo de evitar problemas de configuração e erros de escrita. Como já apontamos, a tablatura pode ser adicionada no *menu* "Instrumentos". A quantidade de linhas referentes às cordas é definida segundo o instrumento selecionado na coluna da direita ou pode ser alterada no recurso "Tipo de Pauta", presente na coluna da esquerda do *menu* "Instrumentos". A tablatura pode ser diretamente relativa a uma pauta de partitura ou adicionada de maneira independente no documento.

Existem duas maneiras de redigir um material musical de tablatura no *software*. A mais simples é usar uma partitura como referência. Ao escrever uma sequência musical em uma partitura convencional, basta copiar o conteúdo dos compassos por meio do atalho "Ctrl" + "C" e colar o material na tablatura por meio do atalho "Ctrl" + "V". Assim, o programa encontra a melhor maneira de descrever a digitação das notas no instrumento e escreve automaticamente as casas, as cordas e a rítmica logo abaixo da tablatura (caso as notas digitadas na partitura estejam fora da tessitura do instrumento, a tablatura mostra um quadrado vermelho no local da nota). A fim de facilitar a realocação da digitação das casas na tablatura sem alterar a altura da nota, o programa encontra automaticamente o número da casa correspondente à mesma nota ao se clicar nele e arrastá-lo para outra corda.

Para digitar diretamente na tablatura, primeiro é necessário localizar no teclado do computador o teclado numérico, posicionado na lateral direita, o qual é utilizado para a seleção dos valores rítmicos e dos números posicionados acima das letras nas teclas de digitação, que são usadas para a inserção do número da casa/nota na tablatura. O processo é similar ao da escrita no pentagrama convencional: o usuário deve selecionar o valor rítmico no teclado numérico e a corda do instrumento na tablatura utilizando as setas no teclado (marcadas com um pequeno retângulo azul no documento). Concluídos tais ajustes, basta digitar a altura da nota/casa nos números das teclas de digitação do teclado, e o programa inserta os dados na tablatura.

Um exemplo do exposto pode ser visto na Partitura 4.8, a seguir.

Partitura 4.8 – Exemplo de tablatura editada no MuseScore com o uso de diferentes métodos de escrita disponíveis no *software*

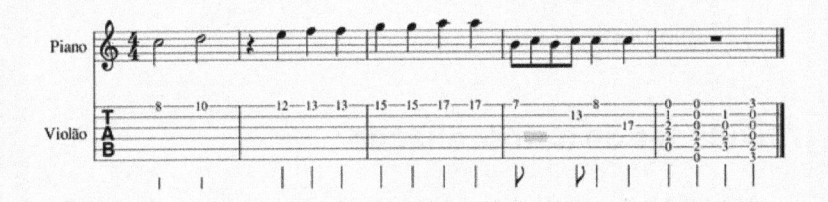

A diferenciação das duas regiões no teclado é importante na escrita das tablaturas, pois, quando se tenta inserir o número da casa a ser executada no braço do instrumento de cordas dedilhadas por meio do teclado numérico, o programa não reconhece o número inserido como uma altura de nota, mas como um valor rítmico. Isso pode causar problemas de digitação dos elementos musicais e confundir o editor no processo de escrita musical.

Síntese

Para finalizar este capítulo, a seguir, recapitulamos esquematicamente os conteúdos apresentados:

- Configuração da pauta
    - Compassos
    - Pautas
    - Sistemas
- Notação na pauta
    - Entrada de ritmos
    - Entradas de alturas
    - Atalhos

- Outros modelos e notações na pauta
  - Cifras
  - Baixo cifrado
  - Tablaturas

Atividades de autoavaliação

1. Assinale a alternativa que apresenta os atalhos no teclado para mudança nas figuras rítmicas no MuseScore:
   a) Números de 1 a 8.
   b) Digitar o nome da figura no teclado.
   c) Letras correspondentes às cifras.
   d) Teclas F1 a F8.
   e) Letras "Q" a "I".

2. Para inserir novas armaduras de claves e fórmulas de compasso no meio de uma partitura, é preciso acessar:
   a) os *menus* superiores e importar novas configurações de partitura.
   b) o *menu* lateral e digitar o código fonte no sistema de programação do MuseScore.
   c) o *menu* "Paletas" e reconfigurar uma nova página, uma vez que os compassos e as armaduras nunca se modificam no meio de uma partitura.
   d) o *menu* "Inspetor" e inserir as novas informações no compasso desejado.
   e) o *menu* "Paletas" e inserir as novas informações no compasso desejado.

3. O que se deve fazer, no MuseScore, antes de digitar os números em uma tablatura?

   a) Escolher a nota nas letras correspondentes à cifra, e o MuseScore faz o restante das configurações automaticamente.

   b) Escolher a quantidade de cordas em cada sistema da tablatura.

   c) Escolher a figura rítmica no teclado numérico localizado à direita no teclado do computador.

   d) Nenhuma das alternativas, visto que o MuseScore não edita tablaturas.

   e) Escolher a quantidade de linhas desejada em cada pauta do sistema.

4. Quantas vozes o MuseScore permite em um mesmo pentagrama para a escrita polifônica?

   a) Duas vozes.

   b) Quatro vozes.

   c) Seis vozes.

   d) Uma voz apenas.

   e) Quantas forem necessárias.

5. O que faz o "Novo Assistente de Configuração de Partituras"?

   a) Essa opção não existe no MuseScore. Tal janela corresponde a outro *software* inserido como extensão no programa.

   b) Modifica e reajusta toda uma partitura já editada e finalizada no MuseScore.

   c) Permite ajustar todas as configurações iniciais de um novo documento criado no MuseScore.

d) Importa uma nova partitura para outra já editada no MuseScore, criando uma junção de documentos em um único arquivo.

e) Transpõe uma música escrita para um instrumento automaticamente para outro instrumento desejado.

Atividades de aprendizagem

Questões para reflexão

1. Você já escutou músicas com variações de compasso e tonalidade em uma mesma peça? Caso não conheça obras que explorem esse tipo de mudança, como imagina que isso deve soar para o público? E para o instrumentista? Experimente propor variações no MuseScore e conte os compassos e as mudanças de tonalidade para praticar a leitura.

2. Você acredita que outras ferramentas de leitura, como desenhos de acordes para violão e guitarra, podem se constituir em acréscimos positivos a uma partitura tradicional? Como você avalia uma aplicação desses formatos em uma partitura que já oferece muitas informações ao instrumentista?

Atividade aplicada: prática

1. Assim como na escrita manual em papel pautado, a editoração de partituras via *software* também exige fluência. A rapidez e a dinâmica de escrita no programa surgem por meio da prática constante e da solução de problemas em diferentes estilos de partitura musical. Portanto, selecione outras obras como a *Canção da fonte* em páginas de partituras (ver Capítulo 1) e tente reescrevê-las no MuseScore, sempre variando a instrumentação e a complexidade.

Capítulo 5

EDITORAÇÃO MUSICAL: ELEMENTOS COMPLEMENTARES

Uma partitura não é composta somente de ritmos e alturas de nota. Diversos outros elementos musicais devem ser descritos no documento para guiar a leitura e a interpretação instrumental por parte do instrumentista ou regente em uma obra. Neste capítulo, mostraremos como inserir diferentes elementos complementares em uma partitura, tais como ligaduras, articulações e sinais de dinâmica, com o objetivo de esclarecer como se aplicam as ferramentas de edição e os ajustes adicionais presentes no MuseScore, abrangendo os recursos avançados de editoração musical no *software*.

5.1 Sinais de articulação

Articulações são parâmetros musicais presentes em uma partitura para indicar de que maneira uma nota ou um grupo de notas deve ser executado, de modo a gerar uma sonoridade característica. São eventos com início e fim, ou seja, o sinal representativo de determinada articulação é utilizado apenas para aquela nota ou grupo de notas em específico, diferentemente do que ocorre com outros elementos de escrita, a exemplo de armaduras de clave ou de acidentes, que valem para todo o compasso. Os sinais de articulação são inseridos na parte superior ou inferior da nota, algumas vezes por fora das linhas do pentagrama, para evitar a sobreposição de elementos gráficos na partitura.

Para tratarmos dos sinais de articulação, temos de, em primeiro lugar, abordar alguns aspectos da execução instrumental e os elementos de expressão em uma composição. Em música, diversos são os tipos de articulação. Alguns sinais são usados para detalhar certas formas de execução instrumental ou, até mesmo, são "inventados" por compositores para descrever técnicas específicas utilizadas em uma composição. Alguns dos sinais mais usuais estão apresentados na Figura 5.1.

Figura 5.1 – Sinais de articulação, ornamentação e rítmicos mais usuais em partituras

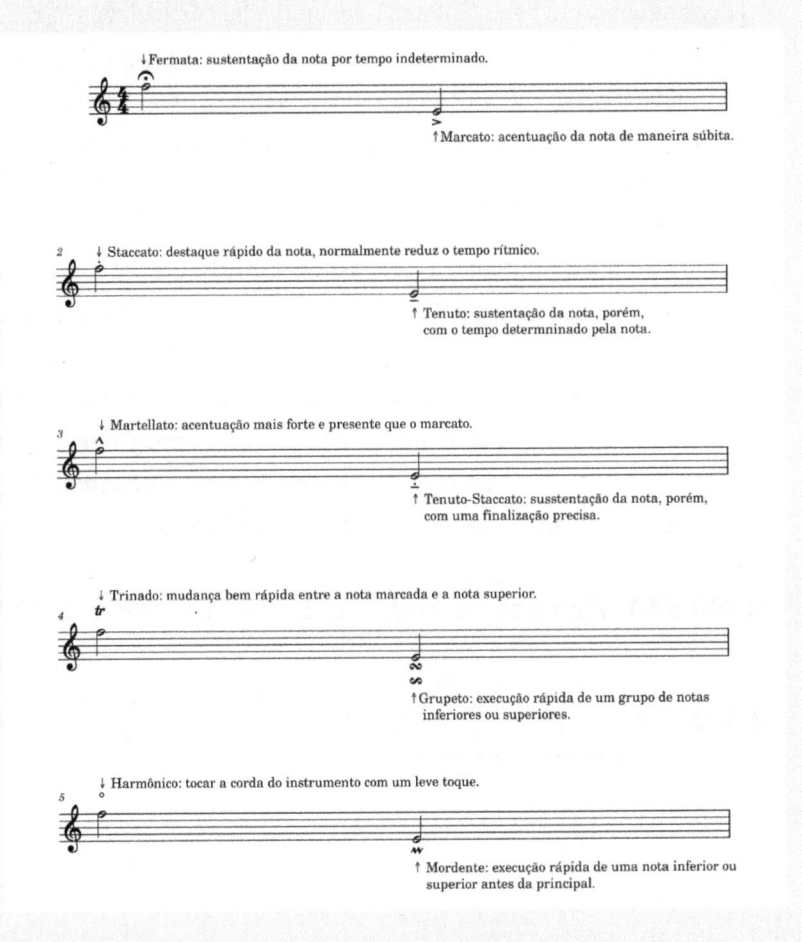

↓ Fermata: sustentação da nota por tempo indeterminado.

↑ Marcato: acentuação da nota de maneira súbita.

2 ↓ Staccato: destaque rápido da nota, normalmente reduz o tempo rítmico.

↑ Tenuto: sustentação da nota, porém, com o tempo determninado pela nota.

3 ↓ Martellato: acentuação mais forte e presente que o marcato.

↑ Tenuto-Staccato: sustentação da nota, porém, com uma finalização precisa.

4 ↓ Trinado: mudança bem rápida entre a nota marcada e a nota superior.

↑ Grupeto: execução rápida de um grupo de notas inferiores ou superiores.

5 ↓ Harmônico: tocar a corda do instrumento com um leve toque.

↑ Mordente: execução rápida de uma nota inferior ou superior antes da principal.

Fonte: Elaborado com base em Schweer, 2020.

> **Importante!**
>
> A *fermata* é, na realidade, um recurso rítmico que altera a duração de uma nota. Já os ornamentos são as notas acrescentadas em outra nota, com a finalidade de adornar uma melodia ou um trecho musical (Med, 1996). O MuseScore reúne todos os sinais em duas seções, no *menu* "Paletas", denominadas "Articulações" e "Ornamentos". Entretanto, é possível encontrar diferentes sinais em ambas as seções que não necessariamente correspondem às categorizações de ornamentações e articulações já estabelecidas na teoria musical.

O MuseScore disponibiliza vários sinais de articulação. Contudo, alguns elementos comumente definidos como articulações, como *appoggiaturas* e ligaduras, são colocados em um local separado no *software*, a fim de facilitar a edição de notas no pentagrama. Entre todos os sinais de articulação disponíveis, o programa conta com os cinco principais grupos: *fermatas*, acentos, *staccatos*, *tenutos* e *bends*, como pode ser observado na Partitura 5.1.

Partitura 5.1 – Alguns sinais de articulação inseridos no MuseScore[1]

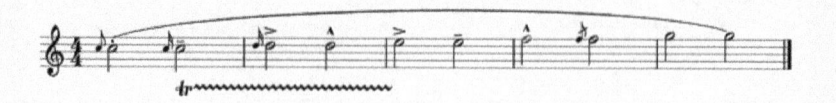

---

1 Assim como informado nos capítulos anteriores, as imagens deste capítulo foram produzidas pelo autor por meio de *print-screens* do *software* MuseScore (Schweer, 2020) instalado em computador pessoal.

Os sinais de articulação podem ser inseridos de três maneiras diferentes no documento. As duas primeiras envolvem utilizar o *menu* "Paletas", no qual a opção "Articulações" está disponível já nas configurações de fábrica do *software*. Para inserir um símbolo sobre uma nota, basta selecioná-la fora do modo de inserção de notas e clicar duas vezes sobre a articulação desejada nas "Paletas". Ainda, a fim de agilizar esse processo, pode-se clicar e segurar o botão do *mouse* sobre a articulação e arrastá-la até a nota no pentagrama. Já a terceira maneira implica a utilização de atalhos no teclado que inserem automaticamente a articulação em uma nota selecionada; no entanto, o *software* oferece uma opção limitada de sinais que podem ser inseridos por meio do teclado. São eles:

- *Staccato*: "Shift" + "S"
- *Tenuto*: "Shift" + "N"
- *Marcato*: "Shift" + "V"
- *Martellato*: "Shift" + "O"
- Mudar a posição do sinal: "X"

Para inserir *appoggiaturas*, o procedimento é o mesmo adotado para adicionar articulações: basta selecionar "Apojaturas" na barra de "Paletas" (Figura 5.2) e arrastá-las com o *mouse* para a nota em questão ou selecionar uma nota no pentagrama e clicar duas vezes sobre a *appoggiatura* desejada na barra lateral. Já para adicionar o sinal usando-se o teclado, deve-se selecionar uma nota no documento e pressionar a tecla "/"; porém, o atalho funciona apenas para *appoggiaturas* de colcheia. Caso o usuário queira inserir uma figura rítmica diferente, tem de utilizar o *menu* "Paletas". Depois de inserir o sinal, é necessário clicar sobre a *appoggiatura* e, com o *mouse*, arrastá-la para a linha ou o espaço desejado no pentagrama ou utilizar as setas "↑" e "↓" no teclado.

Figura 5.2 – *Menu* "Articulações" e "Apojaturas" expandido na barra lateral "Paletas"

Outro *menu* importante para alguns sinais de articulação corresponde à seção "Linhas" e "Ornamentos", na barra "Paletas", em que é possível inserir alguns elementos de articulação e outros referentes às barras de repetição e expressão (as quais abordaremos adiante). Alguns elementos, como ligaduras de frase, trinados e mordentes, podem ser "estendidos" entre diversas notas, extrapolando as barras de compasso. Para isso, basta que o usuário aplique o elemento na primeira nota, clique sobre o pequeno quadrado branco presente na ponta do símbolo e arraste com o *mouse* até a última nota da frase melódica ou do local na partitura onde a articulação deve parar de ser executada.

> **Fique atento!**
>
> Não se deve confundir ligaduras de frase com ligaduras de valor (ou ligaduras de notas), que estendem a duração de um valor rítmico até a nota seguinte por uma linha curva.
>
> As ligaduras de frase, ou *legato*, estabelecem uma interpretação do material musical, em que as notas ligadas devem ser executadas em uma única arcada, em uma única respiração ou de modo que pareçam mais bem estruturadas, formando um motivo melódico coeso.
>
> Existem, ainda, as ligaduras de expressão (ou ligaduras de portamento), as quais unem duas notas subsequentes de alturas distintas de maneira que a execução do intervalo entre estas seja mais suavizado.

Na barra "Paletas", encontram-se outros recursos de articulação que funcionam da mesma forma, como o *menu* "Arpejos e Glissandos" ou "Tremolos". Todos funcionam como os que citamos anteriormente e têm configurações próprias na barra "Inspetor". O MuseScore permite que todos os sinais de articulação existentes para a utilização no programa sejam acessados na barra "Paletas". Contudo, para a visualização de todos os recursos, o usuário deve sempre usar o programa no modo "Avançado" da barra de ferramentas.

A Figura 5.3, a seguir, ilustra os *menus* "Linhas", "Ornamentos", "Tremolos" e "Arpejos e Glissandos" expandidos na barra lateral "Paletas". Repare que todos estão sendo utilizados no modo "Avançado" da barra de ferramentas.

Figura 5.3 – *Menus* "Linhas", Ornamentos", "Tremolos" e "Arpejos e Glissandos"

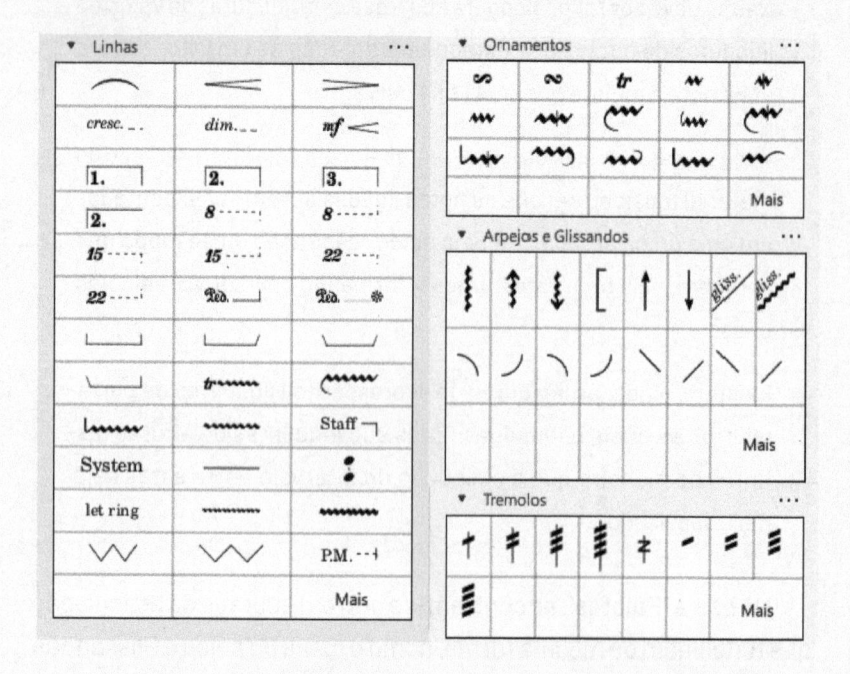

Para diferentes formatações nas *appoggiaturas* e nas articulações, é necessário recorrer à barra "Inspetor". Assim como para os outros elementos já mencionados, ao clicar sobre o sinal no documento, o "Inspetor" apresenta as configurações possíveis para cada um dos elementos. O reposicionamento dos sinais pode ser feito com o uso do *mouse* ou do atalho "X", que reposiciona a articulação na parte superior ou inferior da nota.

5.2 Sinais de expressão

Diferentemente dos sinais de articulação e ornamentação, que definem como uma nota deve ser executada no instrumento – ou seja, indicam parâmetros técnicos na escrita musical –, os sinais de expressão representam espaços de interpretação artística da obra. Nesse caso, é possível afirmar que tais sinais servem como uma indicação de como a música deve ser apresentada ao público. Com exceção de algumas indicações específicas, os sinais de expressão não estabelecem técnicas absolutas e dependem de como os intérpretes desempenharão os dados descritos na partitura.

Para esclarecermos como operam os sinais de expressão, subdividiremos os tipos de sinal em quatro categorias: andamento, metrônomo, expressão e dinâmica.

5.2.1 Andamento

O andamento define a velocidade de execução de uma obra musical e normalmente é indicado no início da partitura por meio de termos em italiano. Tais expressões são relativas e não se referem a andamentos absolutos de uma obra, apenas a um caráter da composição ou a um trecho da partitura. Contudo, com o decorrer dos anos e a criação de escolas de música por todo o mundo, muitos compositores e arranjadores passaram a fazer uso de outros termos para descrever o andamento em diferentes idiomas e com palavras menos usuais. Para atender a todos os tipos de edição de partituras, o MuseScore conta com alguns termos pré-configurados, além de permitir a edição dos elementos de acordo com as necessidades do editor.

Os termos mais usuais para descrever o andamento da composição musical em uma editoração são:

- **Grave**: associado ao andamento mais lento em uma execução musical.
- **Largo**: andamento bastante lento, porém menos que o grave.
- **Larghetto**: também um andamento lento, mas um pouco acelerado.
- **Adagio**: andamento moderado mais próximo do lento.
- **Andante**: andamento moderado, nem muito lento nem muito rápido.
- **Andantino**: similar ao andante, mais próximo do rápido.
- **Allegretto**: andamento moderado mais acelerado.
- **Allegro**: andamento ligeiro.
- **Vivace**: mais rápido que o *allegro*, porém não tão acelerado.
- **Presto**: andamento bastante acelerado.
- **Prestissimo**: associado ao andamento mais rápido em uma música.

Todos os textos de indicação de andamento podem ser inseridos no *menu* "Paletas" → "Andamento", no qual é possível adicionar tanto os sinais de texto como as referências de metrônomo. O MuseScore já contém algumas indicações de texto pré-configuradas; basta aplicá-las na partitura, assim como se faz para qualquer outro elemento presente nas "Paletas" (é preciso arrastar com o *mouse* ou selecionar uma nota e clicar no andamento desejado no *menu*). Caso o editor queira modificar o texto de andamento, deve adicionar qualquer um dos sinais disponíveis no programa na partitura e clicar duas vezes sobre o texto. O *software* permite que o usuário reescreva o texto já na partitura, de acordo com as necessidades da edição.

Considerando o exposto, observe, na Partitura 5.2, o trecho inicial da obra *Canção da fonte*, que temos utilizado desde o capítulo anterior como exemplo para explicar o uso do *software* MuseScore. Repare as indicações de andamento e metrônomo.

Partitura 5.2 - Trecho inicial da *Canção da fonte*

5.2.2 Metrônomo

Assim como os textos de indicação de andamento, os sinais de valores de metrônomo informam ao intérprete da obra musical a velocidade em que a composição deve ser executada. A diferença reside no detalhamento da velocidade, pois, nesse formato, o editor ou compositor indica especificamente o valor a ser inserido no metrônomo para a leitura da partitura musical.

A interpretação dos sinais de metrônomo é mais precisa e menos relativa em comparação com os termos relativos ao andamento. A primeira indicação diz respeito à unidade de tempo a ser usada como referência (mínima, semínima etc.); a segunda indicação mostra a quantidade de batidas por minuto (bpm) correspondente ao tempo da figura rítmica utilizada como referência. Portanto, cada "toque" do metrônomo no bpm indicado deve corresponder ao tempo da nota, denominado *pulso*, em música, permitindo uma leitura precisa da partitura.

A Figura 5.4 mostra o *menu* "Andamentos", na barra de "Paletas", com especificações em texto, para o andamento, e em números, para o detalhamento do metrônomo.

Figura 5.4 – *Menu* "Andamentos"

♩ = 80	♩ = 80	♪ = 80
♩. = 80	♩. = 80	♪. = 80
Grave	Largo	Lento
Adagio	Andante	Moderato
Allegretto	Allegro	Vivace
Presto	♩ = ♩.	♩. = ♩
♩ = ♩	♩ = ♩	♪ = ♪
♩ = ♩	♪. = ♩	Mais

Larghetto | Andantino | egro moder:
Prestissimo

5.2.3 Expressão

Ao contrário dos sinais de andamento e de metrônomo, os símbolos e textos de expressão não indicam algo preciso para a execução da partitura; eles representam elementos de intenção artística e interpretação expressas pelo compositor ou arranjador de uma obra musical. Frequentemente, os sinais de expressão são associados aos indicadores de andamento para apresentar ao leitor informações mais precisas sobre como determinada música deve ser executada. Entretanto, o fator expressão pode ser compreendido de diferentes maneiras ou, até mesmo, ser ignorado pelo músico; cabe ressaltar, porém, que uma *performance* musical sem expressividade é algo indesejado em música. Certamente, o compositor pretende apresentar o máximo de informações sobre o modo como a escrita na partitura deve ser "traduzida" em uma *performance*. Não obstante, os textos ou sinais simbolizam uma informação bastante subjetiva, a qual pode ser compreendida de muitas formas.

Alguns sinais de expressão comumente utilizados são:

- **Affettuoso**: com afeto, executado com sentimento de afeição.
- **Cantabile**: de maneira cantável, realizado com leveza lírica.
- **Vivace**: de maneira leve, vívida.
- **Dolce**: com doçura, expressando leveza, ternura.
- **Maestoso**: de maneira imponente, com marcação das notas.

Para descrever expressões no MuseScore, primeiramente é necessário adicionar um texto editável na partitura, tendo em vista que o programa não oferece formatações nas configurações de fábrica. No *menu* "Paletas" → "Texto", a plataforma conta com a opção identificada como "Expressão". O sinal está disponível para ser editado pelo usuário no documento de acordo com as necessidades da partitura. O texto pode ser reescrito diretamente no documento, e a formatação pode ser configurada na janela "Inspetor".

5.2.4 Dinâmica

Assim como no caso do andamento e das indicações de expressão artística, uma interpretação musical também é representada pelas dinâmicas de execução das notas. A intensidade de execução em uma obra musical também pode ser representada em uma partitura por siglas e símbolos específicos.

As principais siglas de dinâmica são:

- **pp**: *pianissimo*, intensidade bastante leve.
- **p**: *piano*, intensidade leve.
- **mp**: *mezzo piano*, intensidade moderada tendendo ao *piano*.
- **mf**: *mezzo forte*, intensidade moderada tendendo ao *forte*.
- **f**: *forte*, com muita intensidade.
- **ff**: *fortissimo*, intensidade ainda mais enérgica.

Com relação aos símbolos que servem para orientar a dinâmica, dois sinais são os mais utilizados: o *crescendo*(<) e o *diminuendo*(>). Ambos orientam uma variação de dinâmica ao longo de um trecho musical no ponto onde estão inseridos na partitura, representando um crescimento e uma diminuição gradual da intensidade, respectivamente. O acesso aos dois sinais no MuseScore se dá pelo item "Linhas", presente na barra de "Paletas", em que a inserção dos elementos na partitura segue a mesma lógica dos demais recursos também constantes nessa barra. Observe os símbolos indicados na Figura 5.5, a seguir.

Figura 5.5 – *Menu* "Dinâmicas" expandido na barra de "Paletas"

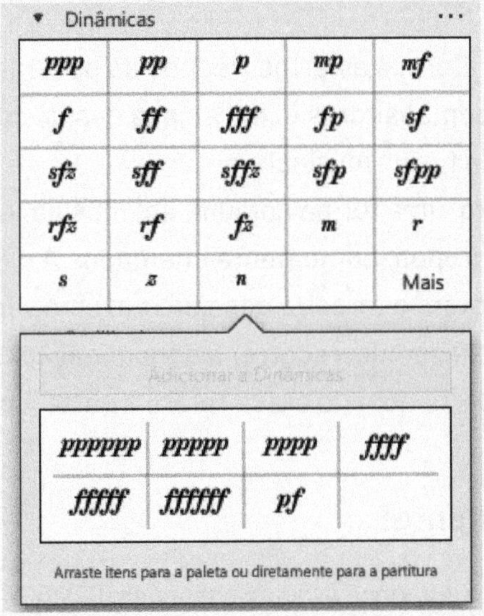

Existem diferentes sinais para representar dinâmicas e variações de intensidade em uma partitura. Muitas vezes, compositores e editores fazem uso de sinais e textos menos usuais para descrever a dinâmica desejada em uma composição. No entanto, os sinais existentes preenchem a maior parte das dinâmicas possíveis em uma obra. Aqui, indicamos quais são os principais símbolos e possibilidades de descrever dinâmicas em um documento musical no MuseScore e explicamos como alterá-los para diversos usos durante a editoração.

5.3 Sinais de repetição

Repetições e retornos a certos trechos da partitura são muito utilizados pelos compositores e, em alguns casos, constituem parte fundamental da forma musical[2].

Por exemplo, uma forma comum, em música, é a composta de dois grandes grupos, comumente chamados A e B (por vezes, há três grupos, porém o terceiro consiste em uma variação do grupo A, caso em que é comum recorrer à denominação A' para representar a terceira parte quando ela se refere à parte A com variações).

> **Fique atento!**
>
> O compositor austríaco Arnold Schoenberg (2015, p. 27) descreve a forma musical da seguinte maneira: "em um sentido estético, o termo forma significa que a peça é 'organizada', isto é, que ela está constituída de elementos que funcionam tal como um organismo vivo".

Na estrutura geral dessa forma, os grupos são constituídos por uma **exposição** (A), seguida de um **desenvolvimento** (B) e, depois, de um retorno à exposição, dita **reexposição** (A ou A'), configurando-se, assim, uma forma ternária, também identificada como forma A-B-A (Holst, 1998). Durante o processo de editoração de uma partitura, caso a obra apresente um retorno à parte A sem modificações, é possível utilizar sinais e barras de repetição a fim de facilitar a leitura e de promover uma economia de detalhes e de elementos musicais em uma partitura, o que beneficia, também, a edição do documento.

...
2 Sobre forma em música, ver Bennett (1986) e Schoenberg (2015)

Existem, basicamente, dois tipos de sinais para indicar repetições e saltos em uma partitura: (1) as barras, que sinalizam repetições e retornos; e (2) os símbolos de saltos e marcações de compassos específicos para formas mais elaboradas. Para aplicar todos os sinais de repetição possíveis no MuseScore, basta utilizar a barra lateral "Paletas", na qual três *menus* estão disponíveis para a seleção dos recursos de repetição: "Linhas", "Barras de Compasso" e Repetições e Saltos". A configuração dos elementos pode ser feita também no *menu* "Inspetor", incluindo recursos de *"Playback"*[3], para que o *software* execute os retornos de maneira precisa.

Na sequência, apresentamos os principais símbolos de repetição e saltos, conforme pode ser observado na Partitura 5.3 (as legendas numéricas indicam o nome e a funcionalidade de cada sinal[4]).

• • •
3   Os recursos de configuração e ajustes de *playback* serão descritos na Seção 5.5.
4   Como mencionamos anteriormente, não faz parte do escopo deste livro apresentar uma explicação detalhada dos elementos da teoria musical e de sua escrita na partitura. Na seção "Bibliografia comentada", estão indicados alguns livros e materiais para a melhor compreensão desse conteúdo. Sobre sinais de repetição, compassos de espera e outros sinais e abreviaturas em uma partitura de música, consultar Med (1996).

Partitura 5.3 – Símbolos de repetição e saltos

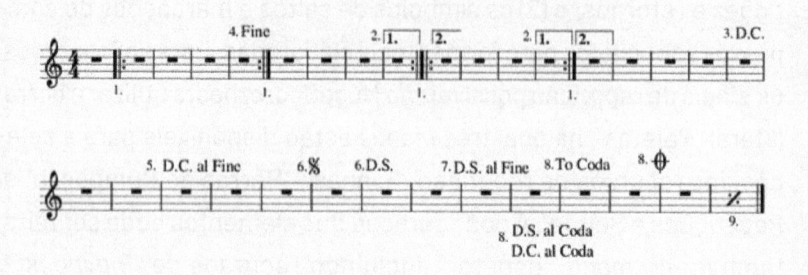

- **Barras de repetição (*ritornelo*)**: indicam o início e o fim do compasso no qual ocorrerá uma repetição. Ao chegar a um compasso em que a barra apresenta o sinal de repetição, o instrumentista deve retornar ao compasso com uma barra equivalente no início ou ao início da música, caso a partitura não indique um compasso específico para o retorno.
- **Casas**: simbolizam um salto de compasso durante a repetição. Em uma primeira execução, o músico tocará o compasso indicado como casa "1."; após o retorno, ele deve saltar do fim do último compasso antes da indicação "1." para o compasso indicado com o sinal de casa "2.", e assim sucessivamente, caso a obra apresente mais sinais de repetição e casas específicas.
- ***Da Capo* (D.C.)**: significa que se deve tocar do começo. Ao visualizar o sinal "D.C.", o músico deve retornar ao primeiro compasso da partitura.
- ***Fine***: representa um final, um encerramento da música em um compasso localizado no "meio" da obra, e não no último compasso escrito no documento.

- ***Da Capo al Fine* (D.C. al Fine)**: funciona exatamente como o sinal "D.C.", porém o instrumentista tem de executar do início até o final indicado na partitura pelo texto *"Fine"*, e não até o último compasso escrito no documento.
- ***Dal Segno* (D.S.)**: diferentemente do sinal que indica o retorno ao início, o elemento *"Dal Segno"* representa um retorno a um compasso específico marcado pelo símbolo com o formato da letra "S". Portanto, o instrumentista tem de tocar até o compasso marcado com o texto "D.S." e retornar ao sinal "S" indicado no pentagrama.
- ***Dal Segno al Fine* (D.S. al Fine)**: assim como o recurso "D.C. al Fine", representa um retorno ao início e uma execução até um final indicado na partitura. O texto "D.S. *al Fine*" indica um retorno ao sinal "S" e uma execução até a marcação *"Fine"*, presente acima ou abaixo do pentagrama.
- **Coda**: literalmente, significa, "cauda" no idioma italiano. Simboliza uma finalização ou trecho final de uma música e pode ser usado como sinal de salto ou indicação de encerramento em uma partitura.
- **Símile**: é um sinal que representa uma repetição exatamente igual ao último compasso. Isto é, para não precisar reescrever múltiplos compassos iguais, basta aplicar o símbolo de similaridade a fim de que o compasso seja representado como uma repetição do compasso anterior.

Os símbolos de "Coda" e *"Segno"* têm variações gráficas utilizadas em casos específicos, em que o número ou a organização das repetições requer mais elementos para identificar com precisão o compasso para o qual o músico deve retornar e/ou finalizar a execução instrumental. Portanto, as variações presentes no MuseScore não indicam modelos de repetições diferentes, mas uma mudança gráfica extra nos símbolos que permite expandir os recursos de notação no *software*.

A seguir, na Figura 5.6, apresentamos o *menu* "Repetições e Saltos" expandido na barra de "Paletas", no qual todos esses símbolos podem ser encontrados.

Figura 5.6 – *Menu* "Repetições e Saltos" expandido na barra de "Paletas"

▼ Repetições e Saltos		...
∕.	※	§
⊕	⊞	Fine
To Coda	D.C.	D.C. al Fine
D.C. al Coda	D.S. al Coda	D.S. al Fine
D.S.	‖:	:‖
:‖:		Mais

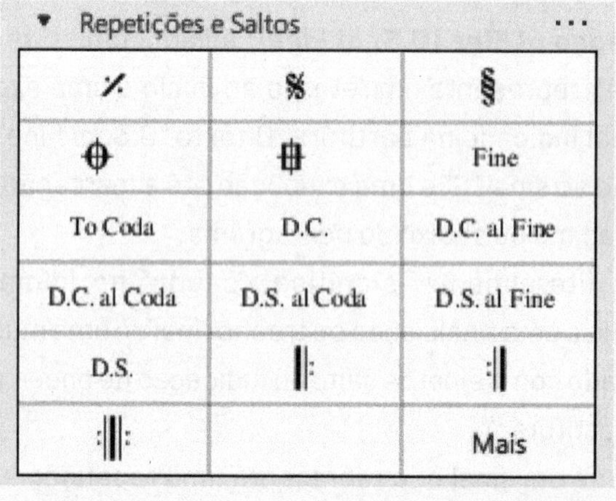

5.4 Inserção de letra

Em primeiro lugar, é importante diferenciar os tipos de texto utilizados em uma partitura; afinal, toda escrita musical também faz uso de recursos textuais para expor diferentes informações e elementos musicais a instrumentistas, cantores ou regentes. Assim, para a escrita dos elementos musicais ou de letras em uma obra vocal, há diversas regras e sistematizações que possibilitam a identificação de cada um dos textos, bem como a clareza da leitura de uma partitura. O MuseScore disponibiliza recursos específicos para cada tipo de texto ou letras de canções. Para a melhor compreensão dessa temática, os elementos de texto e letra serão subdivididos em três categorias: (1) títulos; (2) textos de indicação na pauta; e (3) letras.

5.4.1 Títulos

Como já assinalamos, os títulos e as informações de cabeçalho na partitura são inseridos na configuração inicial, nas janelas abertas quando se faz a opção por criar um documento no programa, e os textos inseridos podem ser corrigidos diretamente na partitura ao clicar duas vezes no texto de cabeçalho e reescrever com o teclado do computador. Caso o editor não tenha inserido um título na configuração inicial, basta utilizar o *menu* superior "Adicionar" → "Texto" e escolher o tipo de informação desejada no documento. O MuseScore automaticamente configura os espaços na partitura para a digitação de títulos, subtítulos, autorias, datas, além de outras informações relevantes.

5.4.2 Indicações na pauta

Muitas das informações textuais, como andamentos e expressão, estão disponíveis nas configurações originais do MuseScore e já foram abordadas aqui. No entanto, em muitos casos, o editor precisa acrescentar outras informações no corpo do documento, as quais não estão disponíveis nas "Paletas". Para isso, o programa oferece os recursos de inserção de "Texto de Pauta", "Texto de Sistema", entre outros formatos de informação em texto, todos disponíveis no *menu* "Adicionar" → "Texto".

Os *menus* "Texto de Pauta" ("Ctrl" + "T") e "Texto de Sistema" ("Ctrl" + "Shift" + "T") são particularmente importantes porque permitem adicionar qualquer palavra ou sigla de acordo com as preferências do usuário. A diferença entre os dois parâmetros reside no conjunto no qual eles interferem: o primeiro pode ser inserido sobre uma única pauta, incluindo aquelas que se encontram no meio de um conjunto instrumental; já a segunda categoria só pode ser utilizada caso o documento apresente mais de um instrumento, e o texto é inserido sobre todo o sistema para informações gerais da obra, e não em relação a apenas um dos instrumentos do sistema. Quando se abre a caixa de texto no documento, um *menu* de configurações aparece automaticamente na parte inferior da tela, em que é possível selecionar a fonte e o tamanho e escolher outros recursos de formatação dos caracteres (Figura 5.7).

Figura 5.7 - *Menu* de formatação de caracteres de texto na parte inferior da tela do MuseScore

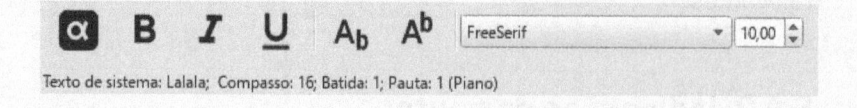

5.4.3 Letras

Para a escrita de canções e obras vocais, existem elementos específicos no MuseScore que facilitam a escrita das sílabas de acordo com a rítmica e as notas músicas já inseridas no pentagrama. O programa também conta com ferramentas que agilizam o processo de notação de melismas e de ligaduras entre notas – parte essencial da técnica de canto que deve ser representada na letra da obra.

> **Fique atento!**
>
> Melisma, ao contrário da acentuação silábica, é uma ornamentação vocal na qual uma única sílaba é estendida sobre diversas notas mediante vocalizações e técnicas de canto. Originalmente adotada na música litúrgica, hoje a técnica é empregada nos mais diversos gêneros musicais (Melisma, 2022).

Uma primeira questão técnica fundamental na escrita vocal é a separação ou não dos colchetes (ou bandeirolas) referentes aos valores rítmicos que se apresentam nessa grafia. O programa escreve ritmos de colcheias e valores mais rápidos com os colchetes automaticamente ligados, obedecendo aos padrões convencionais de notação que dependem da fórmula de compasso em que as notas estão sendo inseridas. A separação dos colchetes serve para demarcar as sílabas e os acentos que devem ser realizados na voz, além de facilitar a identificação dos acentos de palavras e a separação silábica do texto relacionado à melodia escrita na partitura.

No *menu* "Paletas", quando utilizado tanto no modo "Básico" quanto no "Avançado", a última ferramenta disponível na barra é denominada "Propriedades da Barra de Ligação" (Figura 5.8), a qual está disponível nas configurações originais do MuseScore. Nela, é possível modificar os parâmetros de ligação e separação dos colchetes que obedecem às configurações personalizadas do usuário e ignoram o padrão automático do programa. Nesse ponto, convém salientar que a ferramenta oferece um recurso chamado "Auto", em que é possível reajustar as ligações conforme os padrões de escrita convencionais adotados originalmente pelo *software*. O usuário pode realizar a separação nota por nota, selecionando individualmente o ponto em que deseja aplicar a alteração, ou escolher múltiplos compassos e aplicar as separações e junções em um grupo maior de notas.

Figura 5.8 – *Menu* "Propriedades da Barra de Ligação" expandido na barra de "Paletas"

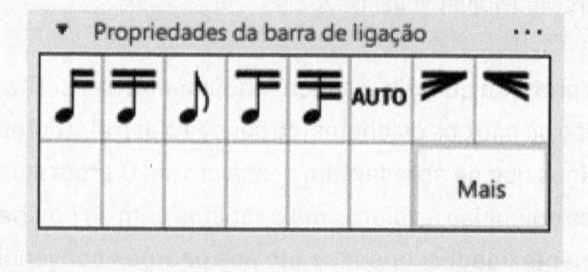

No MuseScore, as letras só podem ser adicionadas no documento após a inserção das notas e a configuração da melodia em que as sílabas serão ajustadas mediante a ferramenta de edição de letras. O programa tem um sistema automático que reconhece a rítmica já escrita no pentagrama e imediatamente ignora as pausas, automatizando, assim, todo o sistema de escrita das letras em canções, corais e obras que utilizam a voz. As letras são adicionadas sempre na parte inferior do pentagrama. Portanto, o *software* também realoca automaticamente outros elementos gráficos que estejam se sobrepondo à letra.

Depois de escrever a melodia no pentagrama, o usuário deve selecionar a primeira nota da melodia e seguir o caminho "Adicionar" → "Texto" → "Letra" ou utilizar o atalho de teclado "Ctrl" + "L". Então, uma caixa de texto aparece abaixo da nota selecionada. Nessa caixa, pode-se digitar a letra da obra usando-se o teclado do computador. Para saltar de uma nota a outra, são empregados três botões específicos no teclado: (1) a "Barra de espaço" leva a caixa de texto para a nota seguinte sem nenhum sinal entre as notas – normalmente, é utilizada na separação de palavras; (2) o "-" (hífen) adiciona uma hifenização entre duas sílabas e comumente é usado para representar uma mesma palavra dividida em sílabas na melodia; e (3) o "_" (sublinhado, obtido por "Shift" + "-") aplica uma linha na parte inferior da letra, representando a extensão da sílaba por mais de uma nota em melodias com melismas.

Caso a parte vocal contenha mais de uma linha de letra que precise ser adicionada à mesma melodia logo abaixo de outras linhas de letras (recurso muito recorrente quando a obra contém repetições), é preciso utilizar a tecla "Enter" na letra que ficará na linha superior selecionada. O programa cria uma caixa de texto logo abaixo da letra já inserida, a qual segue os mesmos comandos já listados.

Para descrever caracteres especiais e elementos gráficos diversos nas letras, o MuseScore dispõe de alguns atalhos e recursos específicos. A adição de caracteres especiais pode ser acionada clicando-se na letra já escrita e utilizando-se a barra inferior de configuração de texto, na caixa com o símbolo "α" (alfa), ou pelo atalho "F2". Uma caixa com vários sinais gráficos e símbolos fica, então, disponível para a inclusão na letra mediante um clique do *mouse*. A fim de gerar espaçamentos e hifens na caixa de texto sem saltar para a próxima nota, é necessário usar atalhos de teclado:

para o espaçamento, a tecla "Ctrl" + "Barra de espaço"; para inserir um hífen na mesma caixa de texto, o atalho "Ctrl" + "ALT" + "-" – assim, o espaçamento e a hifenização não saltarão para as notas subsequentes no pentagrama.

A seguir, na Partitura 5.4, observe o trecho inicial da *Canção da fonte*, com letras, dinâmicas, articulações, ornamentos e outros elementos presentes na canção original configurados no MuseScore.

Partitura 5.4 – Trecho inicial da *Canção da fonte* com elementos da canção original configurados no MuseScore

5.5 Controle de *playback*

O MuseScore apresenta uma ferramenta de grande utilidade para aqueles que usam o programa para compor ou criar arranjos diretamente no computador: o "Playback", que permite escutar tudo o que foi escrito na partitura dentro do programa e modificar alguns parâmetros sonoros para melhor compreensão do resultado musical do que foi digitalizado no documento. Para esclarecermos como operar o sistema de "Playback" do *software*, temos de comentar sobre as diferentes ferramentas, janelas e funcionalidades disponíveis para a execução em áudio dos elementos musicais escritos na partitura. Entre as várias funcionalidades disponíveis, as principais são a "Barra de Playback", o "Mixer" e o "Piano Roll", que detalharemos na sequência.

Antes, no entanto, cabe destacar um fator importante sobre o sistema de "Playback": o MuseScore não faz uso de áudio para a execução dos instrumentos descritos na partitura. Áudio é toda informação sonora armazenada e registrada em um formato de mídia física ou digital (Ratton, 2018).

O *software* utiliza o protocolo MIDI, que interpreta e "traduz" os dados inseridos no pentagrama, os quais são executados e convertidos em áudio por meio de *plug-ins* e de *softwares* internos executados no programa. O MuseScore oferece, ainda, a possibilidade de usar outros *plug-ins* e ferramentas de terceiros, ainda que limitada a dois tipos de arquivos: o SoundFont (.sf2 ou .sf3) e o SFZ (.sfz). Ambos os formatos são disponibilizados gratuitamente na rede e contêm infinitos timbres, qualidades e configurações personalizadas para a utilização em diferentes plataformas além do MuseScore[5].

> **Importante!**
>
> Lembre-se de que MIDI (Musical Instrument Digital Interface) é um protocolo serial de transmissão de dados entre instrumentos musicais, criado em 1983. Ele permite que uma interface instrumental ou *software* controle outro sistema mediante a transmissão de dados planejados para codificar informações musicais (Ratton, 2018).
>
> SoundFont, por sua vez, é um formato de arquivo que armazena informações para um sintetizador recriar timbres instrumentais na placa de som do computador ou em outro sistema dedicado.
>
> Por sua vez, os arquivos no formato .sfz agregam vários arquivos de áudio que são reproduzidos de acordo com os dados fornecidos pelo *software* ou pelo instrumento virtual.

5.5.1 Barra de *playback*

Todo o acesso de execução de *playback* no MuseScore pode ser rapidamente acessado na "Barra de Playback", localizada na barra de ferramentas, na parte superior da interface do programa. Essa barra apresenta uma configuração-padrão e não é alterada nos formatos

---
[5] Para mais informações sobre como carregar instrumentos virtuais e *plug-ins* externos no MuseScore, pode-se consultar o *site* do produto, no qual se disponibiliza uma série de pequenos tutoriais em texto para configurações avançadas do programa (MuseScore, 2022c).

básico e avançado de edição no *software*. Os botões da "Barra de Playback", da esquerda para a direita, são os mostrados na Figura 5.9.

Figura 5.9 - "Barra de Playback" do MuseScore

- **"MIDI *input*"**: habilita a entrada MIDI para a utilização de equipamentos externos e do teclado interno do programa.
- **"Retornar"**: retorna ao ponto de início do *playback* para o começo da partitura. Durante a execução, é possível utilizar o atalho "Home" a fim de que o *playback* volte ao começo da música sem interrupções. Outros atalhos importantes de retorno e adiantamento são as setas ("←" e "→") no teclado, que saltam para a nota anterior ou a seguinte. Se utilizadas em conjunto com a tecla "Ctrl", o *playback* avança para o compasso anterior ou o seguinte, respectivamente.
- **"Iniciar e Parar"**: inicia e para a execução em áudio dos elementos descritos na partitura. Esse recurso pode ser utilizado rapidamente por meio do atalho "Barra de espaço" no teclado do computador.
- **"Loop Playback"**: se ativado, a execução reinicia todas as vezes que chegar ao final da partitura. Funciona, portanto, como uma barra de repetição infinita.
- **"Repetições"**: ao se ativar esse recurso, o *playback* executa todos os sinais de repetição e saltos inseridos na partitura. Caso o usuário pretenda ignorá-las, basta desligar o botão de repetições, e o programa toca os compassos na ordem em que estão escritos.

- **"Panorâmica Automática"**: quando o *playback* é ativado, uma barra azul acompanha os tempos do compasso enquanto o áudio é tocado. Com o botão de panorâmica desativado, a barra não aparece, e o usuário pode ver o documento livremente sem nenhum elemento se sobrepondo ao pentagrama.
- **"Metrônomo"**: um clique de metrônomo é executado simultaneamente ao áudio da partitura.
- **"Tom do Concerto"**: se habilitado, o programa apresenta graficamente na partitura e reproduz os instrumentos transpositores no tom original da obra.

> **Importante!**
>
> Lembre-se de que instrumentos transpositores são aqueles que transpõem em sua execução as notas que estão escritas na partitura, ou seja, as notas escritas não representam as alturas reais em que soarão no instrumento. Isso existe por diversas razões práticas de digitação e construção em vários instrumentos. Por exemplo, em um clarinete em Si♭, ao se executar a nota Dó, soará, de fato, a nota Si♭. Assim, toda a partitura do clarinete deve ser escrita um tom acima, para que o instrumentista leia e execute as notas com as alturas correspondentes.

Uma ferramenta de configuração e de ajustes rápidos no *playback* é o "Painel de Reprodução" (Figura 5.10). Trata-se de uma janela que se abre na barra "Inspetor" ao se utilizar o atalho "F11" ou por meio do *menu* "Visualizar" → "Painel de Reprodução". Nessa janela, é possível ajustar o volume geral do *playback* e do metrônomo e o tempo (bpm) mediante um ajuste de precisão das batidas a serem interpretadas no metrônomo e no *playback* da partitura. Aqui, também se pode recorrer aos botões "Iniciar", "Retornar" e "*Loop*" e selecionar o local de início da execução em "Posição", que mostra o compasso e o tempo em que a barra de início está localizada.

Figura 5.10 – "Barra de Playback" e "Painel de Reprodução" do MuseScore

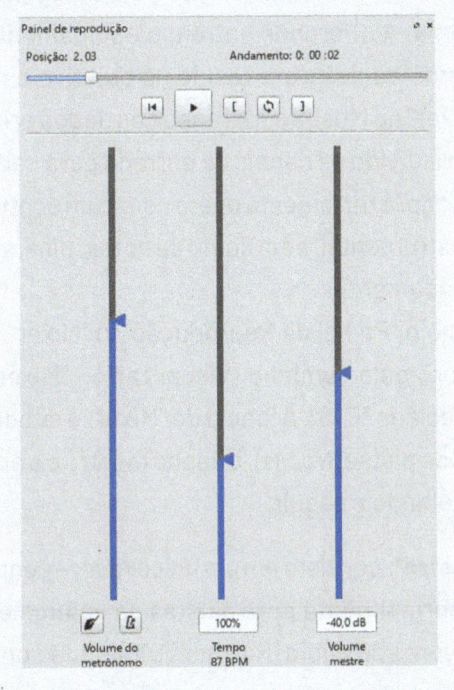

5.5.2 *Mixer*

Mixer é um equipamento de áudio utilizado em produção sonora em que várias fontes de som são somadas para uma saída única, que pode ser ajustada em diferentes formatos de reprodução. Ele é utilizado tanto em trabalhos de estúdio quanto em sonorização de palcos e apresentações ao vivo. Um *mixer* dispõe, normalmente, de controles de volume e de *pan* (para ajustes no campo estéreo). Existem, porém, outros formatos de equipamento que incluem diversos recursos extras para produções mais elaboradas (Ratton, 2018).

No MuseScore, a ferramenta "Mixer" (Figura 5.11) cumpre o mesmo papel dos equipamentos físicos que fazem a mistura de diferentes entradas de áudio geradas pelos *plug-ins* e sintetizadores no programa. A diferença entre um equipamento de mixagem e o *mixer* interno do *software* reside no objetivo e no modo como operam: o "Mixer" no MuseScore recebe os dados oriundos do documento escrito e divide os canais de entrada para cada instrumento na partitura. Logo, a ferramenta opera como um controle de áudio do *playback* do instrumental, bem como de notas, dinâmicas e técnicas editadas no documento.

Assim como o "Painel de Reprodução", o "Mixer" é acessado na barra "Inspetor", pelo caminho "Visualizar" → "Mixer", ou por meio do atalho de teclado "F10". A janela do "Mixer" é subdividida em três partes: a área de pistas (*tracks*), o ganho mestre e a área de detalhes, conforme detalhado a seguir.

1. **"Ganho mestre"**: consiste em um único *fader* – controle deslizante utilizado normalmente para ajustes de volume em equipamentos e *softwares* de áudio (Ratton, 2018) – que controla o volume geral obtido da somatória de todos os instrumentos na saída de áudio. Apresenta um medidor numérico que informa e controla o volume.
2. **"Área de pistas"**: constitui-se em uma lista de pistas (*tracks*) que correspondem a cada um dos instrumentos dispostos na partitura. Apresenta dois botões superiores de mudo e solo (silencia a pista e deixa somente a pista solada em execução, respectivamente), um controle circular de *pan* (que opera com valores de 0 a 127 – 0 indica o lado esquerdo do sistema estéreo, e 127

o lado direito, enquanto o centro equivale ao número 64) e um *fader* de volume logo acima do nome da pista, o qual se refere ao instrumento definido na partitura.

3. **"Área de detalhes"**: permite alterar o nome da pista, a cor utilizada no *mixer*, o timbre a ser executado no *playback* (o programa seleciona, de forma automática, um timbre equivalente ao do instrumento configurado inicialmente, porém é possível indicar sons de outros instrumentos em determinada pista, ainda que a nomenclatura permaneça a mesma), o volume e o paneamento. Além disso, possibilita silenciar determinadas vozes e, ainda, apresenta alguns controles MIDI com detalhes específicos de execução (os controles de reverberação e coro apenas mandam informações MIDI para uso em programas externos e não afetam o *playback* do MuseScore).

Figura 5.11 – O "Mixer" do MuseScore

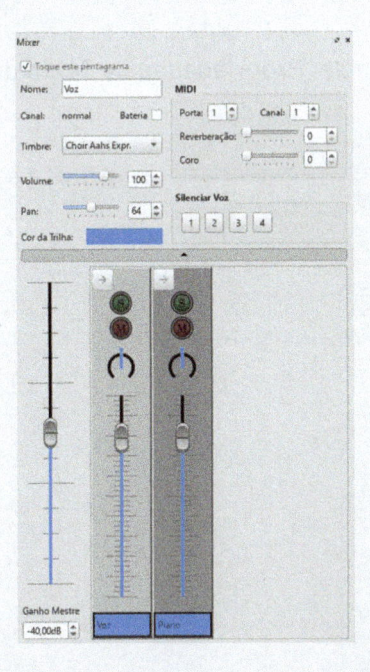

Um ajuste muito relevante é a atribuição de informações MIDI para textos e símbolos que indicam técnicas instrumentais específicas no corpo do documento. O MuseScore, por padrão, não altera o som da execução no *playback* em algumas técnicas representadas por textos ou grafias específicas em certos instrumentos. Para criar essa modificação automaticamente no *playback*, basta inserir o texto na partitura, clicar com o botão direito do *mouse* sobre o texto ou ícone e selecionar "Propriedades de Texto do Pentagrama" (Figura 5.12). Na janela que se abre, é possível escolher a voz em que a alteração tem de ser aplicada (o programa permite inserir técnicas diferentes em cada uma das quatro vozes) e a alteração que deve ser realizada, no *menu* "Canal". O programa somente oferece algumas técnicas específicas para cada tipo de instrumento. Se não houver uma técnica diferente disponível para o instrumento em questão, o *software* não fará nenhuma modificação para seleção no *menu* "Canal", mesmo que o usuário altere o timbre no "Mixer".

Figura 5.12 – Janela "Propriedades de Texto do Pentagrama" no MuseScore

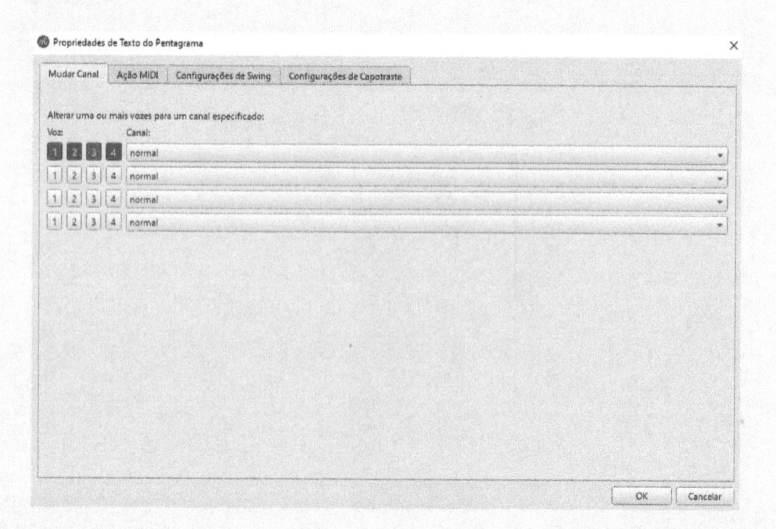

5.3.3 *Piano roll*

Inspirado nas antigas pianolas que executavam músicas automaticamente por meio de rolos de papel que acionavam circuitos mecânicos dentro de pianos, o que permitia que as teclas fossem tocadas sem a necessidade de um intérprete, o *piano roll* (ou rolo de piano) é uma interface que altera a visão da escrita musical para um sistema gráfico diferente. O eixo horizontal especifica as alturas (ou notas), que podem ser identificadas por uma representação de um teclado de piano no canto direito da janela. Já o eixo vertical representa a duração (ou ritmo), simbolizada por retângulos que se estendem de acordo com o tempo da nota (Ratton, 2018). A seguir, observe o *design* da janela "Piano Roll" no MuseScore.

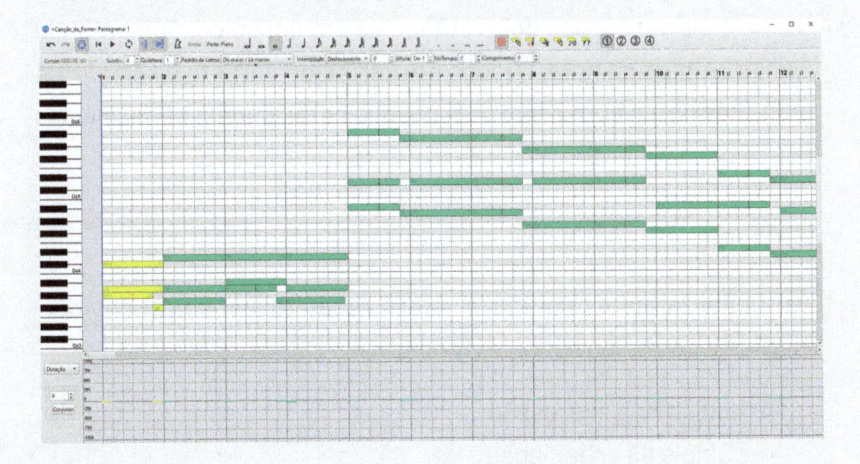

Figura 5.13 – Janela "Piano Roll" no MuseScore

Para abrir essa janela, é preciso clicar com o botão direito do *mouse* sobre o pentagrama e selecionar "Editor Piano Roll". Se existirem notas já escritas na partitura, elas serão apresentadas no formato de rolo de piano já configuradas na interface. No entanto, também é possível inserir notas diretamente no "Piano Roll" utilizando o *mouse*.

O recurso também obedece às vozes e aos valores de nota selecionados na barra superior – diferentemente de outros tipos de *softwares* de áudio, o "Piano Roll" no MuseScore não permite edições rápidas dos retângulos que representam as notas. Assim, para inserir uma nota, é necessário escolher um valor de nota e clicar sobre o primeiro ícone amarelo com um lápis na parte superior direita da janela. Após a seleção das ferramentas, deve-se clicar sobre o gráfico, e a nota será adicionada no local do clique. O segundo ícone em amarelo possibilita a adição de notas superiores e inferiores, para a formação de acordes; o terceiro ícone subdivide os valores de nota ao meio; o quarto apaga as notas com o clique do *mouse*; o quinto altera o valor de nota para outro selecionado na barra superior; e o último agrupa dois retângulos em um único, aumentando o valor rítmico da nota. O ícone em vermelho permite a seleção de múltiplas notas com o uso do *mouse*, e estas podem ser excluídas com a tecla "Delete".

Síntese

Para finalizar este capítulo, a seguir, recapitulamos esquematicamente os conteúdos apresentados:

- Articulação e expressão
    - Sinais de articulação
    - Sinais de expressão
    - Sinais de andamento
    - Sinais diversos

- Repetição e sinais de ordenação
    - Barras de repetição
    - Casa um e casa dois
    - Sinais de ordem de execução da partitura
- *Playback*
    - Barra de *playback*
    - *Mixer*
    - *Piano roll*

Atividades de autoavaliação

1. O que são articulações?
    a) Sinais opcionais por meio dos quais o compositor indica sua função no início da partitura.
    b) Sinais presentes acima ou abaixo das cabeças de nota e que indicam técnicas específicas para uma nota ou um grupo de notas.
    c) Sinais que indicam se uma nota ou um grupo de notas deve ser tocada(o) mais forte ou mais fraca(o).
    d) Gráficos e textos que representam técnicas, muito comuns em notações expandidas e partituras educacionais.
    e) Nenhuma das alternativas anteriores.

2. O que são sinais de expressão?
    a) Textos indicativos de técnicas.
    b) Representam a complexidade da música e dividem-se em níveis de dificuldade.

c) Sinais por meio dos quais o compositor faz indicações de interpretação artística de um trecho ou da obra como um todo.

d) Sinais que identificam intensidades em um trecho da partitura.

e) Nenhuma das alternativas anteriores.

3. Como funcionam os sinais de repetição?
   a) Podem ser barras ou símbolos que indicam o começo e o fim de uma repetição.
   b) São textos escritos no início de uma partitura e que indicam a ordem dos compassos.
   c) São letras maiúsculas que criam blocos de forma, os quais são indicados ao final da partitura.
   d) São números que indicam a repetição de um único compasso.
   e) Nenhuma das alternativas anteriores.

4. Como indicar letras de uma canção ou coral em uma partitura?
   a) Logo acima da pauta e logo abaixo das cifras.
   b) Logo abaixo da pauta, com a divisão da letra seguindo a rítmica da partitura.
   c) Logo abaixo da pauta, com uma divisão silábica independente da rítmica na partitura.
   d) Logo acima da pauta, com a divisão da letra seguindo a rítmica da partitura.
   e) Nenhuma das alternativas anteriores.

5. O que é o *mixer*?
   a) Uma ferramenta que controla os sons do *playback*, como mutar, abaixar ou subir volumes de uma pauta.
   b) Um *menu* de ajuste de instrumentos e de claves na pauta.
   c) Ferramenta que mescla duas pautas em uma única contendo várias vozes, a depender da quantidade de linhas melódicas e harmônicas nas pautas unidas.
   d) Uma barra que controla os elementos do *playback*, como *play* e *pause*.
   e) Nenhuma das alternativas anteriores.

Atividades de aprendizagem

Questões para reflexão

1. Muitas ferramentas em um *software* de edição de partituras auxiliam nesse processo ao possibilitarem ações que agilizam a escrita e a edição, como copiar e colar um trecho instantaneamente ou transpor instrumentos automaticamente. Contudo, muitas delas podem afastar o usuário do estudo e da prática musical em si, uma vez que já não se necessita analisar um trecho para realizar modificações musicais, como transpor para outra tonalidade ou conhecer a tessitura de um instrumento. O que você, como estudante de música, pensa sobre isso? A automação de certos processos pelas máquinas é um futuro inevitável ou ainda devemos preservar o conhecimento da edição manual e utilizar tais recursos apenas como uma entre outras ferramentas?

2. Você acha possível que novas edições e formatações possam melhorar a experiência de leitura de partituras editadas manualmente ou em sistemas mais antigos? Você, na condição de editor e/ou copista de partituras, percebe a reedição de partituras antigas como uma atualização positiva ou entende que os novos *softwares* deveriam também permitir a escrita em modelos anteriores à partitura moderna?

Atividade aplicada: prática

1. As ferramentas de *playback* são muito úteis para se compreender de que maneira uma obra soará quando executada. Entretanto, não é incomum que compositores, arranjadores e estudantes se tornem "completamente dependentes" dessa ferramenta quando estão produzindo suas partituras. Diante disso, antes de reescrever partituras no MuseScore, como indicado no capítulo anterior, procure escutar as obras acompanhando a partitura com os olhos, sem nenhuma barra indicativa (como um *playback*). Durante essa prática, procure reconhecer os elementos musicais presentes no áudio. Treinar o ouvido interno é fundamental para qualquer músico profissional e educador, e o *playback* pode ser uma ajuda nesse processo, mas nunca uma "muleta" na leitura e na escuta da obra.

Capítulo 6
FORMATAÇÃO DA PARTITURA

Editar uma partitura não significa apenas escrever as notas na pauta e organizar todos os elementos de execução instrumental no pentagrama. Muitas vezes, o processo de fazer uma boa editoração musical passa, também, por selecionar os formatos de papel, as margens e o tamanho dos elementos nas páginas. Em alguns casos, como em grades de orquestra e *big bands*, os diretores e regentes fazem uso de partituras em formatos de folha maiores, como A3, enquanto os músicos leem as partes em tamanhos menores, como A4, para apresentações em espaços abertos e pequenas partituras "encaixadas" no corpo do instrumento.

Neste capítulo, abordaremos alguns detalhes relativos à configuração de folha e à formatação de página no MuseScore.

6.1 Tipo e tamanho da página

As configurações de tipo e tamanho de página são bastante intuitivas no MuseScore. Todos os ajustes são feitos em uma única janela de acesso no *software*, e os detalhes podem ser adequados conforme as necessidades do editor.

Para acessar a janela de formatação de folha, é preciso utilizar o *menu* superior "Formatar" → "Configurações de Página" (Figura 6.1). Nele há seis blocos de configuração, e cada um corresponde a um parâmetro de configuração das páginas a serem editadas no programa. As partes da janela de configuração são as seguintes:

- **"Tamanho da página"**: é o local em que se pode selecionar o tamanho do papel (A4, A3 etc.), bem como promover ajustes finos de largura e altura no tamanho do papel, além de informar se a partitura será editada no formato retrato ou paisagem e se a impressão será frente e verso ou apenas uma página por folha.

- **"Dimensionamento"**: configura o tamanho geral dos sistemas na partitura. Funciona como um *zoom* em todos os elementos escritos no documento.
- **"Unidade"**: organiza as configurações em milímetros ou polegadas.
- **"Margens das páginas ímpares"**: permite a configuração das margens superior, inferior, esquerda e direita das páginas ímpares dos documentos.
- **"Margens das páginas pares"**: permite a configuração das margens superior, inferior, esquerda e direita das páginas pares dos documentos.
- **"Pré-visualização"**: constitui-se na miniatura das páginas do documento, a fim de facilitar a formatação das páginas no documento.

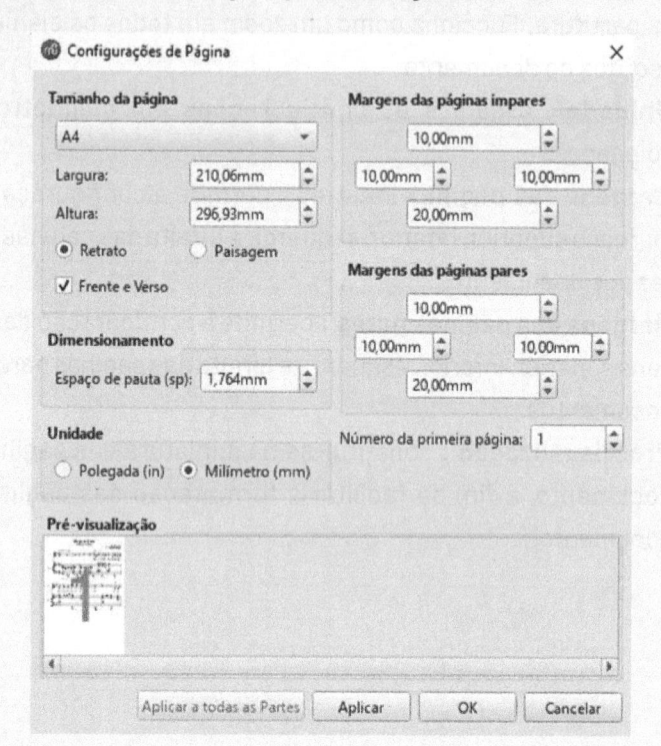

Figura 6.1 – *Menu* "Configurações de Página" no MuseScore[1]

6.2 Determinando o tamanho do compasso

Em muitos casos, é preciso fazer pequenos ajustes no tamanho do compasso para melhorar a visualização dos signos descritos no

---

[1] Conforme o padrão adotado nos capítulos anteriores, as imagens deste capítulo são *print-screens* feitos pelo autor diretamente no *software* MuseScore (Schweer, 2020) instalado em computador pessoal.

pentagrama, bem como adequar compassos com mais ou menos elementos, variando-se sua dimensão de acordo com a complexidade. Esse recurso é bem simples e de fácil acesso no MuseScore. Para configurar o tamanho do compasso, deve-se acessar o *menu* superior "Formatar" → "Esticar", selecionando um ou vários compassos. Ao se clicar em "Ampliar Layout" ou "Reduzir Layout" (Figura 6.2), o programa modifica os compassos selecionados. Também é possível utilizar o atalho de teclado "Shift" + "{", para reduzir, e "Shift" + "}", para ampliar o tamanho do compasso. Quando se clica em "Formatar" → "Esticar" → "Repor Layout", os compassos selecionados retornam ao tamanho original, caso tenham sido modificados pelo editor.

Figura 6.2 - *Menu* de configuração de tamanho de compasso no MuseScore

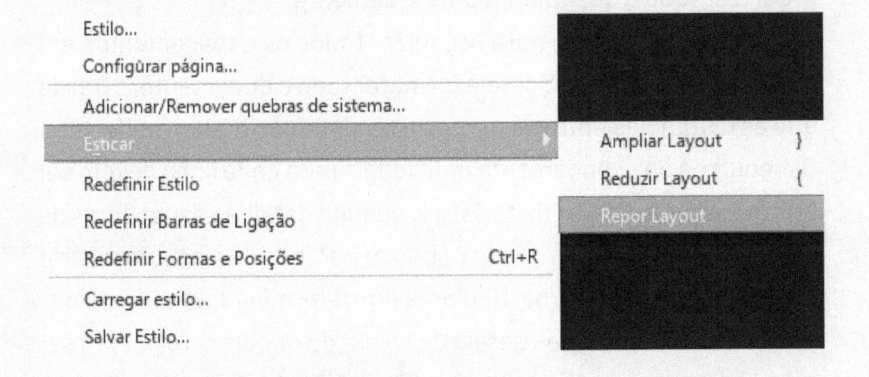

6.3 Definindo o espaçamento entre pautas

Muitas obras musicais exigem uma grande quantidade de informações, sinais de expressão e símbolos de técnicas instrumentais. Dessa maneira, observam-se vários elementos gráficos acumulados em um espaço que pode não ser suficiente para que todos os símbolos estejam arranjados do modo mais claro e proveitoso para o músico. Com a intenção de melhorar a visibilidade dos elementos na partitura, o MuseScore permite que o editor configure o espaçamento entre as pautas dos instrumentos dispostos no documento. Para rearranjar esse espaçamento, o programa conta com dois meios de formatação: configurar cada sistema individualmente ou organizar todo o documento uniformemente.

Um primeiro passo para organizar todos os espaçamentos em uma partitura no MuseScore é formatar todo o documento, a fim de que as distâncias entre as pautas e os sistemas fiquem uniformes. Os recursos de espaçamento individuais para cada linha devem ser utilizados para ajustes finos, isto é, quando detalhes específicos da editoração não cabem nos espaços e, por isso, faz-se necessário promover adequações particulares em determinados locais da partitura. As configurações gerais de *layout* do documento podem ser acessadas no *menu* "Formatar" → "Estilo" (Figura 6.3). Nessa janela, pode-se configurar todos os parâmetros do documento, incluindo as distâncias-padrão entre sistemas, entre pautas e, até mesmo, entre as letras e as notas em escritas vocais. Na lateral esquerda do *menu* "Estilo", é possível selecionar as diferentes configurações de *layout* para o documento. Ao clicar no *menu* "Página", o usuário pode configurar o distanciamento entre as pautas, as distâncias mínima e máxima entre os sistemas e as margens superiores e inferiores da página.

Figura 6.3 – *Menu* "Estilo" no MuseScore

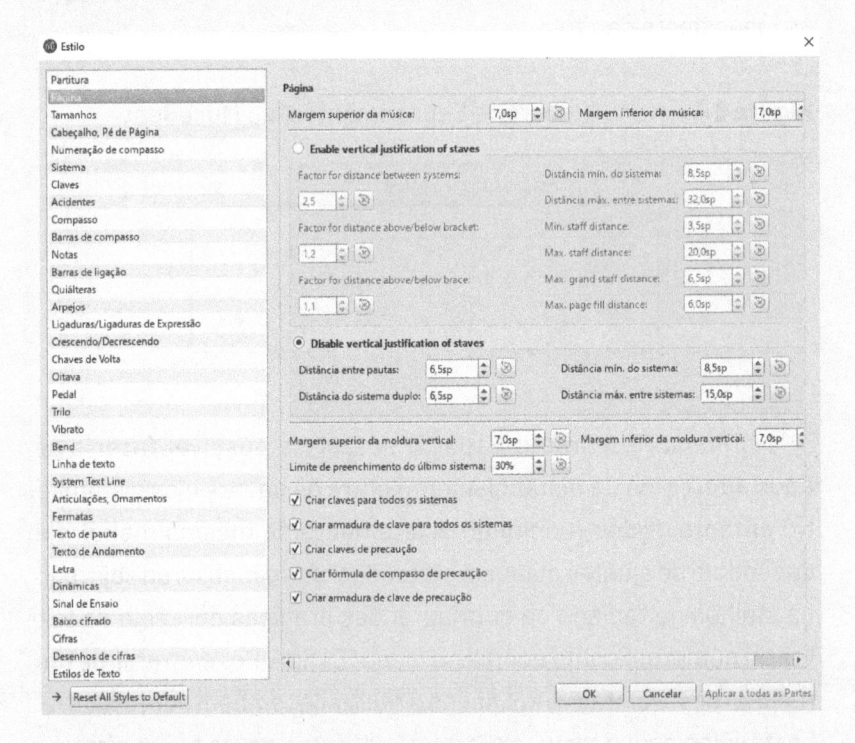

As configurações ajustadas no *menu* "Estilo" são, então, aplicadas em todas as páginas do documento, o que facilita os ajustes de distanciamento no processo de editoração de uma partitura com muitos elementos dispostos.

Em alguns casos, é necessário promover adequações específicas em determinadas regiões nas quais a quantidade de elementos gráficos ou a altura das notas se sobrepõem a outros sinais escritos nas pautas. Para fazer o espaçamento das pautas individualmente, deve-se recorrer ao *menu* "Paletas" → "Quebras e Espaçamentos" (Figura 6.4). Esse *menu* é usado em diferentes configurações e delimitações das pautas. Utilizaremos os números descritos em cada um dos recursos presentes na imagem para explicar suas funções ao longo deste capítulo.

Figura 6.4 – *Menu* "Quebras e Espaçamentos" no MuseScore

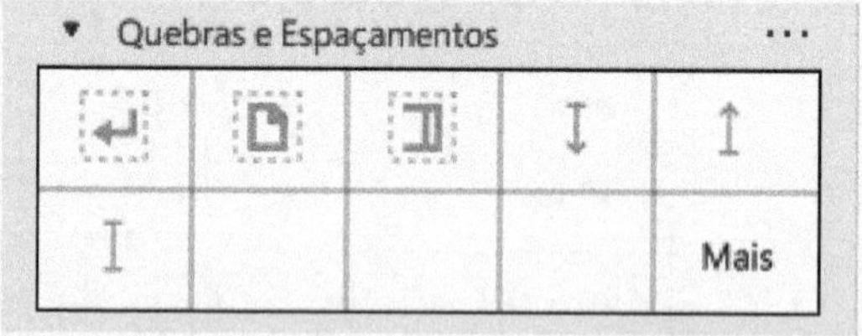

No *menu* "Quebras e Espaçamentos", é possível fazer três tipos diferentes de distanciamento entre as pautas e os sistemas. No entanto, todos funcionam exatamente da mesma maneira e dependem de ajustes manuais efetuados com o *mouse*, ou seja, não há atalhos no teclado ou configurações precisas por meio de textos ou números, como ocorre no *menu* "Estilo". Por se tratar de um recurso nas "Paletas", a aplicação é realizada também com o *mouse*: basta selecionar o recurso e "arrastá-lo" para a pauta e/ou o sistema desejado. Com isso, o recurso de espaçamento fica disponível logo abaixo ou acima do pentagrama, para ser utilizado com o *mouse* para aproximar ou distanciar pautas e sistemas. Vale ressaltar que o espaçador deve ser mantido na partitura, a fim de que o distanciamento entre os pentagramas permaneça. Caso seja deletado, as distâncias voltam para a configuração estabelecida no *menu* "Estilo". Os três recursos para espaçamento disponíveis no *menu* "Quebras e Espaçamentos "são:

- **"Espaçador de Pauta para Baixo (4)"**: ao ser inserido no pentagrama, o espaçador permite que o usuário "empurre" para baixo a pauta ou o sistema inferior, mantendo as pautas superiores sem alterações.
- **"Espaçador de Pauta para Cima (5)"**: executa a mesma função da ferramenta anterior (4), porém afasta as pautas inferiores para baixo, mantendo o recurso "conectado" à pauta inferior, e não na pauta superior. Os recursos existem em dois formatos diferentes, no caso de uma das pautas conter outros elementos inseridos que não permitam a colocação dos recursos de espaçamento.
- **"Espaçador de Pauta Fixado (6)"**: atua como as duas ferramentas anteriores (4 e 5); contudo, funciona como uma soma de ambas em um único recurso, além de "ignorar" a distância estabelecida pelas configurações no *menu* "Estilo". Isso permite até mesmo a sobreposição de elementos nas pautas, caso o usuário use a ferramenta para aproximar pentagramas. Observe, na Partitura 6.1, esse recurso de espaçamento para distanciar os pentagramas na pauta do piano.

Partitura 6.1 – Trecho inicial da *Canção da fonte* com o recurso de espaçamento (6)

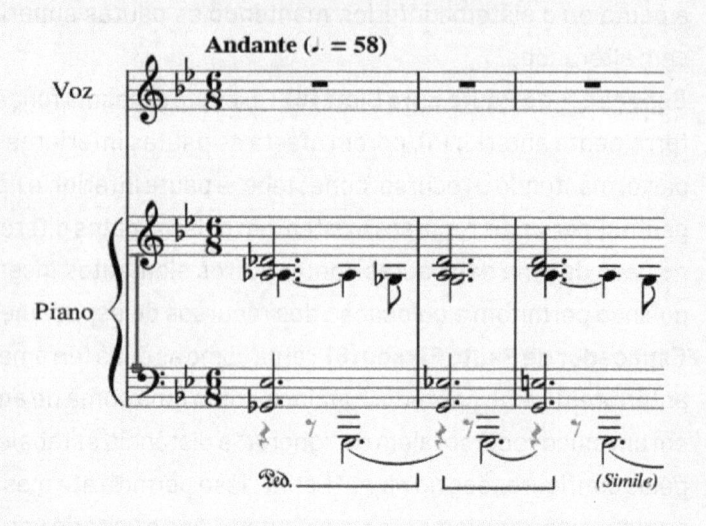

6.4 Delimitando o número de compassos por sistema

Assim como o distanciamento entre as pautas e os sistemas deve ser observado para facilitar a leitura da partitura, evitando-se a sobreposição de elementos gráficos, a quantidade de compassos em uma linha também deve ser considerada a fim de que as distâncias horizontais entre notas e outros elementos musicais não sejam muito pequenas, pois isso dificultaria a leitura musical. O recurso de delimitar uma quantidade máxima de compassos por linha também possibilita que a edição do documento seja mais uniforme, mantendo-se uma unidade de compassos por sistema ao longo de toda a partitura, o que a torna mais padronizada e apresentável.

Tal como no caso do espaçamento entre pautas, é possível realizar uma configuração geral para limitar uma quantidade máxima de compassos por sistema em todo o documento no MuseScore ou utilizar recursos do *menu* "Paletas" para ajustes personalizados em locais específicos da partitura.

Com o objetivo de ajustar a quantidade de compassos por linha em todo o documento, o usuário precisa, em primeiro lugar, selecionar todos os compassos constantes na partitura. Para isso, deve recorrer ao *menu* "Editar" → "Selecionar Tudo" ou escolher apenas um compasso com o *mouse* e utilizar o atalho "Ctrl" + "A". Assim, todos os compassos e elementos descritos no documento são selecionados. Depois dessa seleção, basta ir ao *menu* "Formatar" e clicar em "Adicionar/Remover quebra de sistema". Na janela que se abre, pode-se escolher uma quebra de linha ao final de um número determinado de compassos, adicionar uma quebra de sistema em cada uma das linhas já configuradas no estado atual do documento ou remover todas as quebras presentes na partitura.

Vale ressaltar que as configurações disponíveis no *menu* "Adicionar/Remover quebra de sistema" (Figura 6.5) só são aplicadas em compassos já inseridos no documento, ou seja, compassos adicionados após a configuração não obedecem às quebras de sistema e devem, por isso, ser configurados posteriormente. Portanto, o recurso é mais bem aproveitado quando toda a partitura já está escrita e as necessidades de quebra de linha são claras ao editor.

Figura 6.5 – Janela do *menu* "Adicionar/Remover quebra de sistema"

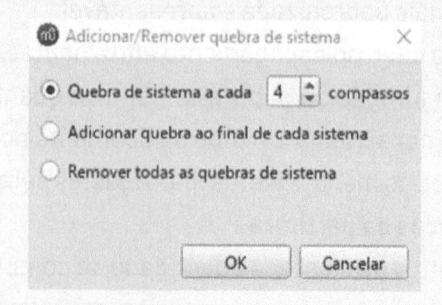

Para ajustes pontuais de quebra de linha, deve-se recorrer ao *menu* "Paletas" → "Quebras e Espaçamentos". Uma das ferramentas disponíveis nesse *menu* é a de "Quebra de Sistema" (1), conforme pode ser observado na Partitura 6.2. Para utilizá-la, é preciso selecioná-la com o *mouse* e arrastá-la para o compasso desejado, devendo-se lembrar que o compasso em questão fica marcado como o último compasso do sistema, ou seja, é preciso aplicar o recurso em um compasso anterior ao que se pretende levar para a linha inferior. Para remover a quebra de sistema, basta selecioná-la com o *mouse* no documento e utilizar a tecla "Delete".

Partitura 6.2 – Ícone de quebra de sistema aplicado em um trecho da partitura da *Canção da fonte*

6.5 Delimitando o número de sistemas por página

A quantidade de pautas e sistemas em uma única página está condicionada, obviamente, às margens e ao tamanho dos elementos gráficos configurados previamente no início da editoração do documento. Entretanto, também é possível definir uma quebra de linha que estabeleça uma quantidade máxima de sistemas por página no MuseScore. Trata-se de uma ferramenta bastante útil quando se pretende editar diversas músicas ou movimentos de uma composição em um único documento.

Diferentemente do recurso de configuração de compassos por sistema, não é possível delimitar uma quantidade fixa de sistemas por página em todo o documento de uma única vez. Esse recurso é aplicado apenas por meio de duas ferramentas no *menu* "Paletas" → "Quebras e Espaçamentos" e deve ser aplicado cada vez que o usuário quiser usar a quebra de sistema e encerrar as linhas de um sistema em uma página. Os recursos disponíveis no *menu* "Quebras e Espaçamentos" para delimitar sistemas em uma página são:

- **"Quebra de Página (2)"**: determina o último compasso de uma página, enviando os compassos posteriores para a página seguinte, e impede a inserção de novos compassos na página.
- **"Quebra de Seção (3)"**: é um recurso bastante interessante quando se pretende editar diferentes músicas e/ou movimentos em um único documento, uma vez que essa ferramenta estabelece uma quebra no sistema, reiniciando a contagem dos compassos, e apresenta todos os instrumentos do sistema novamente com o nome por inteiro – em vez das nomenclaturas reduzidas e de informações de precaução.

Ressaltamos que os sinais de quebra de sistema ou de páginas não aparecem na impressão da partitura; eles estão visíveis apenas durante o processo de editoração no MuseScore.

A "Quebra de Página" e a "Quebra de Seção" são comumente utilizadas para facilitar o processo de editoração, quando é necessário criar uma série de partituras e elementos musicais que obedeçam à mesma formatação, isto é, quando determinada edição faz parte de um conjunto de obras as quais serão inseridas em um mesmo catálogo ou livro. Assim, não é necessário que o editor crie diversos arquivos separados e refaça todas as formatações de um documento em cada arquivo que compõe o conjunto.

A seguir, para encerrar o conteúdo deste capítulo, apresentamos duas partituras editadas no MuseScore. A Partitura 6.3 refere-se à primeira parte da *Canção da fonte* com inserções de quebra de sistemas a cada quatro ou cinco compassos (a depender da informação gráfica), além de espaçamentos maiores entre as duas pautas do piano, para melhor visualização.

Partitura 6.3 – Primeira parte da *Canção da fonte* editada no MuseScore

Já a Partitura 6.4 corresponde à mesma página, mas exportada para o formato .pdf. Repare que não há as marcas de espaçamento, quebras e caixas de texto inseridas durante a editoração da partitura no MuseScore.

Partitura 6.4 – Imagem da primeira parte da *Canção da fonte* após ser exportada para o formato .pdf

Síntese

Para finalizar este capítulo, a seguir, recapitulamos esquematicamente os conteúdos apresentados:

- Formatação de página
    - Margens de página
    - Tamanhos de página
    - Tamanho dos objetos na página e nos sistemas
- Formatação de pautas e sistemas
    - Compassos por linha
    - Linhas por sistema
    - Espaçamentos
- Finalizando uma partitura
    - Organizando a página
    - Organizando todo o documento
    - Exportando e imprimindo a partitura finalizada

Atividades de autoavaliação

1. Em qual *menu* do MuseScore é possível alterar margens e formatações de páginas?
    a) "Formatar" → "Configurações de Página".
    b) "Formatar" → "Margens e Alterações".
    c) "Menu" → "Alterações de Páginas".
    d) "Partitura" → "Páginas e Margens".
    e) "Menu" → "Ferramentas de Organização".

2. Em qual *menu* do MuseScore é possível alterar o distanciamento e o tamanho dos objetos no documento?
   a) "Formatar" → "Espaços".
   b) "Formatar" → "Playback".
   c) "Formatar" → "Página e Documento".
   d) "Formatar" → "Objetos de Cena".
   e) "Formatar" → "Estilo".

3. Qual é a principal função da "Quebra de Página" e da "Quebra de Seção"?
   a) O MuseScore não oferece essas opções de formatação.
   b) Dividir um compasso ao meio para que fique melhor na visualização entre páginas.
   c) Evitar que um compasso fique dividido ao meio ao final de uma página ou seção.
   d) Manter as proporções e configurações do documento em várias páginas e partes de uma partitura.
   e) Aumentar o tamanho da folha para impressão.

4. Para que é indicado o formato PDF?
   a) É o único formato aceito por orquestras, editoras e publicações de partituras.
   b) É o único formato aceito para *download* na internet.
   c) Manter o documento na formatação original para distribuição e impressão.
   d) Para publicar no *site* <www.musescore.com>.
   e) Para compartilhar com outros *softwares* de edição de partituras.

5. Conforme o exercício realizado com a *Canção da fonte*, o MuseScore:
   a) mostrou-se inviável para a edição de partituras elaboradas.
   b) mostrou-se viável e permite reeditar a partitura com todos os pormenores existentes na obra original.
   c) mostrou-se inviável, pois muitos dos elementos não são iguais entre a partitura original e os disponíveis no *software*.
   d) mostrou-se viável, porém somente com a utilização de *plug-ins* e *softwares* externos que auxiliaram a edição.
   e) mostrou-se inviável, pois o MuseScore só permite a edição de partituras via sistema MIDI.

Atividades de aprendizagem

Questões para reflexão

1. Você percebe a importância de editar e organizar adequadamente uma página de partitura? Uma boa edição não consiste apenas em dispor as notas e os ritmos nos lugares certos; significa, também, permitir que o músico consiga identificar todos os elementos com clareza e precisão. Você acredita que formatar uma partitura corretamente pode melhorar a *performance* geral do instrumentista?

2. Agora que você já sabe como utilizar o MuseScore para editar as próprias partituras, procure outras obras de seu interesse e recrie-as no programa. A melhor estratégia para aperfeiçoar o conhecimento sobre o uso do *software* é praticar, e reescrever novas obras auxilia no estudo da editoração, da leitura e do repertório musical em geral.

Atividade aplicada: prática

1. Com todas as informações apresentadas nesta obra, torna-se possível escrever praticamente qualquer formato de partitura, das melodias mais simples às orquestrações mais complexas. Experimente reeditar a obra *Canção da fonte*, utilizada como exemplo ao longo do livro, ou outras partituras disponíveis nas páginas citadas ao longo do texto. Certamente, há uma infinidade de sinais indicativos e recursos do MuseScore que não foram abordados. Ainda que estes sirvam a usos bastante específicos e não apareçam em muitas partituras, é muito interessante aprofundar-se nos símbolos musicais e nas ferramentas do programa. Busque mais informações na página oficial do MuseScore e visite os fóruns de usuários. Compartilhar materiais e dúvidas é, certamente, o melhor caminho para ser um editor e um copista de partituras profissional.

CONSIDERAÇÕES FINAIS

Como mencionamos algumas vezes ao longo deste livro, os programas de editoração musical no computador são ferramentas que se constituem em uma maneira de facilitar e agilizar os processos de escrita de partituras e possibilitar uma melhor distribuição de materiais musicais entre instrumentistas, cantores, compositores, educadores e estudantes. Como quaisquer ferramentas, tais programas obedecem aos comandos do usuário. Afinal, um *software* de editoração de partituras não elabora músicas ou transcreve materiais de maneira automática nem faz edições por conta própria. Por isso, saber operar um programa de editoração exige, antes, um conhecimento sólido da teoria musical e de sua notação.

Com efeito, compreender os pormenores da escrita musical é um conhecimento essencial para quem anseia profissionalizar-se na área, tanto para a criação quanto para a *performance* ou a educação. Nesse sentido, aplicar esse conhecimento ao usar programas dedicados à editoração musical é um diferencial para o músico, uma vez que é possível elaborar materiais de melhor qualidade gráfica, o que abre portas para novos mercados de atuação para editores, copistas, arquivistas de partituras, criadores de conteúdos educacionais e profissionais vinculados a espetáculos de teatro e orquestras. O conhecimento musical, a prática da escrita e a técnica no manuseio dos *softwares* se complementam, ampliando as possibilidades de trabalho e intensificando as habilidades do músico profissional.

Nosso propósito foi apresentar um panorama da notação musical na partitura, indicar as possibilidades de trabalho nesse campo e abordar o uso de *softwares* especializados. Esse aprendizado só pode ser concretizado com a prática diária da escrita musical. Portanto, além do estudo dos conteúdos contemplados aqui, a realização das atividades propostas e a busca constante por novas informações são imprescindíveis para o aprofundamento dos conhecimentos adquiridos e devem estar presentes ao longo de todo o processo de aprendizagem dos temas relacionados à editoração musical. Esperamos que a leitura desta obra tenha sido satisfatória e que sua experiência de aprendizagem tenha sido proveitosa.

Lembre-se de que o principal objetivo sempre será a música! Como toda manifestação artística, a música requer sensibilidade. Conhecimentos técnicos são apenas uma maneira de atingir um objetivo estético, algo que só pode ser alcançado com muita vivência. Então, mantenha o foco nos estudos e consuma muita música!

REFERÊNCIAS

ABRAMUS. **Edição de obras**: A Abramus faz esse trabalho? Disponível em: <https://www.abramus.org.br/noticias/15716/edicao-de-obras-a-abramus-faz-esse-trabalho/?doing_wp_cron=1608768382.7727489471435546875000>. Acesso em: 30 maio 2022.

ALMADA, C. **Arranjo**. Campinas: Ed. da Unicamp, 2000.

BACH, J. S. **Fugue in G minor**: from Fantasia and Fuge in G Minor, BWV 542 – arranged for piano by Franz Liszt. Disponível em: <https://musescore.com/hmscomp/fantasia-and-fugue-in-g-minor-bwv-542-johann-sebastian-bach-bach-fugue-in-g-minor-bwv-542-piano-solo>. Acesso em: 3 jun. 2022. 1 partitura.

BEETHOVEN, L. van. **An die Freude**: aus dem Finalsatz der 9. Sinfonie. 1 partitura. Disponível em: <https://musescore.com/user/46238/scores/6106243>. Acesso em: 3 jun. 2022.

BENNETT, R. **Forma e estrutura na música**. Rio de Janeiro: J. Zahar, 1986.

BN – Biblioteca Nacional. **Qual o procedimento para registro de músicas no Escritório de Direitos Autorais da Biblioteca Nacional?** Disponível em: <https://www.bn.gov.br/pergunta-resposta/qual-procedimento-registro-musicas-escritorio-direitos>. Acesso em: 30 maio 2022.

BOURSCHEIDT, L. **A aprendizagem musical por meio da utilização do conceito de totalidade do sistema Orff/ Wuytack**. 123 f. Dissertação (Mestrado em Música) – Universidade Federal do Paraná, Curitiba, 2008. Disponível em: <https://acervodigital.ufpr.br/bitstream/handle/1884/16986/dissertacao_bourscheidt_luis.pdf?sequence=1&isAllowed=y>. Acesso em: 30 maio 2022.

BRANDÃO, M. O que é MIDI?: o guia do iniciante para a ferramenta mais poderosa da música. **LANDR**, 8 mar. 2017. Disponível em: <https://blog.landr.com/pt-br/o-que-e-midi-o-guia-iniciante-para-ferramenta-mais-poderosa-da-musica/#:~:text=MIDI%20%C3%A9%20a%20abrevia%C3%A7%C3%A3o%20de,para%20se%20comunicar%20entre%20hardwares.>. Acesso em: 30 maio 2022.

BRITANNICA. **20th-Century Notation**. Disponível em: <https://www.britannica.com/art/musical-notation/20th-century-notation#ref64563>. Acesso em: 30 maio 2022a.

BRITANNICA. **Ottaviano dei Petrucci**. Disponível em: <https://www.britannica.com/biography/Ottaviano-dei-Petrucci>. Acesso em: 30 maio 2022b.

BROUWER, L. Tarantos (Wulfin Lieske). **Ploy Vault Cat**, 7 ago. 2015. 1 partitura. Disponível em: <http://ployvaultcat.blogspot.com/2015/08/leo-brouwer-tarantos-wulfin-lieske_7.html>. Acesso em: 30 maio 2022.

CAMPOS, A. **O que é software livre**. BR-Linux. Florianópolis, 2006. Disponível em: <http://br-linux.org/linux/faq-softwarelivre>. Acesso em: 31 maio 2022.

CAMPOS, L. (Org.). **Territórios de invenção**: à escuta. Belo Horizonte: Fundação de Educação Artística, 2019.

CANTOS DA FLORESTA. Disponível em: <https://www.cantosdafloresta.com.br/>. Acesso em: 30 maio 2022.

CIFRACLUB. **Marinheiro só**: Caetano Veloso. Disponível em: <https://www.cifraclub.com.br/caetano-veloso/marinheiro-so/>. Acesso em: 30 maio 2022.

COPISTA. In: **Enciclopédia Itaú Cultural**. 6 fev. 2015. Disponível em: <http://enciclopedia.itaucultural.org.br/termo40/copista>. Acesso em: 30 maio 2022.

CRUZ, J. C. F. da. Software de edição de partituras na educação musical. In: ENCONTRO REGIONAL NORDESTE DA ABEM, 12., 2014, São Luiz. **Anais**... São Luiz: UFMA, 2014.

EASTMAN SCHOOL OF MUSIC. Musicus Online Museum. **Hymn**: Ut queant laxis. Disponível em: <https://www.esm.rochester.edu/musicus/medieval-sights-sounds/ut-queant-laxis/>. Acesso em: 27 maio 2022.

FERNÁNDEZ, O. L. **Canção da fonte**. 1 partitura. Disponível em: <https://sescpartituras.sesc.com.br/#/sescpartituras/partituras?titulo=can%C3%A7%C3%A3o%20da%20fonte&compositor=&idsFormacao=&idsInstrumentos=&idsColecoes=>. Acesso em: 27 maio 2022.

FRITSCH, E. F. et al. **Software musical e sugestões de aplicação em aulas de música**. Disponível em: <https://www.ufrgs.br/mt/softwares.pdf>. Acesso em: 30 maio 2022.

FRITSCH, E. F. **Música eletrônica**: uma introdução ilustrada. Porto Alegre: Ed. da UFRGS, 2013.

FUTURE SCULPTOR. **Maestro**. Austrália, 2016. Aplicativo.

FWC12. The Graphic Notation of Krzysztof Penderecki's "Threnody for the Victims of Hiroshima". **Music History Collaborative Blog**, 6 Apr. 2015. Disponível em: <https://musichistoryfsu.wordpress.com/2015/04/06/the-graphic-notation-of-krzysztof-pendereckis-threnody-for-the-victims-of-hiroshima>. Acesso em: 30 maio 2022.

GITHUB. **MuseScore**. Disponível em: <https://github.com/musescore/MuseScore>. Acesso em: 31 maio 2022.

GNU. **Licença pública geral GNU**. Disponível em: <https://www.gnu.org/licenses/gpl-3.0.pt-br.html>. Acesso em: 31 maio 2022.

GROVE MUSIC ONLINE. Disponível em: <https://www.oxfordmusiconline.com/grovemusic/>. Acesso em: 30 maio 2022.

HOLST, I. **ABC da música**. São Paulo: M. Fontes, 1998.

HOOD, M. M. Notating Heritage Musics: Preservation and Practice in Thailand, Indonesia, and Malaysia. **Tanjung Malim: Malaysian Music Journal**, v. 5, n. 1, 2016. Disponível em: <https://ejournal.upsi.edu.my/index.php/MJM/article/view/815>. Acesso em: 30 maio 2022.

IANSEN, M. Copistas de música. **História e Outras Histórias**, 30 set. 2016. Disponível em: <https://martaiansen.blogspot.com/2016/09/copistas-de-musica.html>. Acesso em: 30 maio 2022.

MAKEMUSIC. **Finale**. Louisville, Co, 2020. Aplicativo.

MED, B. **Teoria da música**. Brasília: MusicMed, 1996.

MELISMA. In: ORQUESTRA SINFÔNICA MUNICIPAL DE CAMPINAS. **Glossário de termos**. Disponível em: <http://www.osmc.com.br/novo/conteudos/10/glossario-de-termos.aspx#m>. Acesso em: 4 jun. 2022.

MENEZES, F. **A dialética da praia**. 1993. Disponível em: <http://flomenezes.mus.br/flomenezes/flomenezes_scores/flomenezes_a_dialetica_da_praia.pdf>. Acesso em: 30 maio 2022.

MURTHA, P. **Peter Gunn**. Disponível em: <https://freshsheetmusic.com/paul-murtha-peter-gunn-drums-304979>. Acesso em: 12 nov. 2021.

MUSESCORE. Disponível em: <https://musescore.com>. Acesso em: 31 maio 2022a.

MUSESCORE. **Página de download**. Disponível em: <https://musescore.org/pt-br>. Acesso em: 31 maio 2022b.

MUSESCORE. **SoundFonts and SFZ Files**. Disponível em: <https://musescore.org/en/handbook/3/soundfonts-and-sfz-files>. Acesso em: 31 maio 2022c.

MUSICA BRASILIS. **Jogos**. Disponível em: <https://musicabrasilis.org.br/recursos-educacionais/jogos>. Acesso em: 30 maio 2022.

NEUMANN, F. The MusE Audio/MIDI Sequencer: Professional Music Maker. **Linux Magazine**, n. 37, p. 20-24, 2004. Disponível em: <https://web.archive.org/web/20041012185340/http://www.linux-magazine.com/issue/37/MusE_Sequencer.pdf>. Acesso em: 3 jun. 2022.

PEREIRA, F. **Editoras musicais**: uma oportunidade a mais de parceria. 12 jan. 2017. Disponível em: <http://www.ubc.org.br/publicacoes/noticia/6600/editoras-musicais-uma-oportunidade-a-mais-de-parceria>. Acesso em: 30 maio 2022.

RATTON, M. **Dicionário de áudio e tecnologia musical**. Edição do autor. Curitiba: [s.n.], 2018.

REMIÃO, C. **Música antiga #09**: Harmonice Musices Odhecaton. 13 jun. 2018. Disponível em: <https://www.ufrgs.br/musicaantiga/tag/ottaviano-petrucci/>. Acesso em: 30 maio 2022.

ROTHMAN, P. Ultimate Guitar acquires MuseScore. **Scoring Notes**, 19 Feb. 2018. Disponível em: <https://www.scoringnotes.com/news/ultimate-guitar-acquires-musescore/>. Acesso em: 31 maio 2022.

ROYAL COLLECTION TRUST. **Mainz**: Johann Fust & Peter Schoeffer – The Mainz Psalter. Disponível em: <https://www.rct.uk/collection/1071478/the-mainz-psalter>. Acesso em: 30 maio 2022.

SCHOENBERG, A. **Fundamentos da composição musical**. São Paulo: Edusp, 2015.

SCHWEER, W. **MuseScore**. [S.l.], 2020. Aplicativo.

TESSITURA. In: **Britannica**. Disponível em: <https://www.britannica.com/art/tessitura>. Acesso em: 27 maio 2022a.

TESSITURA. In: **Grove Music Online**. Disponível em: <https://www.oxfordmusiconline.com/grovemusic/view/10.1093/gmo/9781561592630.001.0001/omo-9781561592630-e-0000027741?rskey=3Q7Cud>. Acesso em: 27 maio 2022b.

TUTTEO. **Flat.io**. Cheapside, London, 2020. Aplicativo.

BIBLIOGRAFIA COMENTADA

HOLST, I. **ABC da música**. São Paulo: M. Fontes, 1998.

> Esse pequeno livro, da compositora e educadora Imogen Holst, filha do também compositor inglês Gustav Holst, é uma introdução aos conceitos basilares da teoria musical. O diferencial desse trabalho está na abordagem histórica mais linear. Holst explica vários elementos da teoria musical ocidental e descreve o surgimento das sonoridades ao longo da história, promovendo uma compreensão mais focada e direcionada para aqueles que realmente estão começando seus estudos de teoria musical. Trata-se de uma leitura bastante interessante para compreender todos os conceitos básicos desse campo.

MED, B. **Teoria da música**. Brasília: MusicMed, 1996.

> Certamente, esse é um dos livros de teoria musical mais lidos e recomendados por professores e estudantes no Brasil, uma vez que foi pensado para a aplicação em sala de aula. A obra apresenta muitas informações e aprofunda-se nos conceitos da teoria musical tradicional, configurando-se como um bom material de estudo para aqueles que estão iniciando sua trajetória na música.

Por outro lado, a quantidade de dados pode ser um problema para aqueles que não têm experiência em música, visto que não há uma direção histórica ou uma ordem de complexidade do conteúdo exposto. Logo, o livro funciona mais como um material de consulta para sanar dúvidas ou conhecer elementos específicos, e não como uma leitura linear sobre teoria musical.

MUSESCORE. **Handbook for MuseScore 3**. Disponível em: <https://musescore.org/en/handbook>. Acesso em: 27 maio 2022.

O guia oficial do *software* MuseScore é, sem dúvida, a melhor referência para aqueles que desejam aprofundar-se no uso do programa. O manual apresenta todos os recursos disponíveis no *software* e descreve sua aplicação em novas edições. O guia *on-line* do MuseScore não funciona exatamente como um livro de leitura linear para aqueles que desejam aprender a utilizar o programa. Trata-se de uma página em que os recursos e os temas estão subdivididos em vários tópicos interativos; assim, o usuário pode clicar no assunto que está buscando e tirar suas dúvidas de maneira mais rápida e dinâmica. Portanto, o *Handbook for MuseScore 3* não é indicado para aqueles que não conhecem nada do *software* e querem aprender a utilizar a ferramenta do zero. É um guia para usuários que já sabem empregar os recursos do programa e pretendem apenas solucionar algumas dúvidas pontuais.

SCHOENBERG, A. **Fundamentos da composição musical**. São Paulo: Edusp, 2015.

Escrito pelo revolucionário compositor alemão Arnold Schoenberg, criador do sistema dodecafônico, esse livro apresenta conceitos avançados da criação de melodias e formas musicais em um contexto completo para a composição musical. Trata-se, assim, de uma obra para estudantes avançados que queiram aprofundar-se na área da criação original e arranjos, pois se supõe que o leitor-alvo já conhece os conceitos básicos da teoria musical, como melodias, instrumentação, harmonia e contraponto. Nesse sentido, a leitura dessa obra não se destina apenas aos interessados na criação musical, visto que também apresenta análises e aprofundamentos sobre a teoria geral da música.

WISNIK, J. M. **O som e o sentido**: uma outra história das músicas. São Paulo: Companhia das Letras, 1989.

Esse livro apresenta a história da música sem se prender a datas e momentos históricos. Nesse trabalho, José Miguel Wisnik versa sobre as transformações musicais ao longo dos anos de acordo com as diferentes concepções de música e as técnicas envolvidas nessas reflexões artísticas. Subdividindo a história em quatro grandes momentos (ruídos e silêncios; modalismo; tonalismo; atonalismo), o autor defende a tese de que é possível compreender a história da música no Ocidente não como uma linha reta com uma sobreposição de novos conceitos, mas como uma espiral em que as diferentes maneiras de pensar e criar música se influenciam, se contrapõem e dialogam constantemente, em um cenário que vai além da música em si e passa pela dança, pela fala, pelas inovações técnico-científicas e pelo corpo humano. Ademais, Wisnik comenta como recebemos/percebemos as sonoridades que nos rodeiam a todo momento.

RESPOSTAS

Capítulo 1
Atividades de autoavaliação

1. b
2. d
3. c
4. e
5. d

Capítulo 2
Atividades de autoavaliação

1. b
2. d
3. a
4. b
5. c

Capítulo 3
Atividades de autoavaliação

1. a
2. b
3. c
4. e
5. a

Capítulo 4
Atividades de autoavaliação

1. a
2. e
3. c
4. b
5. c

Capítulo 5
Atividades de autoavaliação

1. b
2. d
3. a
4. b
5. a

Capítulo 6
Atividades de autoavaliação

1. a
2. e
3. d
4. c
5. a

SOBRE O AUTOR

Rodrigo Leite Souza Enoque é músico e *sound designer*, bacharel em Música pela Universidade Federal do Paraná (UFPR), especialista em Tecnologias Sonoro-Musicais pela Pontifícia Universidade Católica do Paraná (PUCPR) e mestre em Música também pela UFPR, na linha de pesquisa sobre criação sonora. Atuou como músico e compositor em diferentes projetos, como peças teatrais, cinema, jogos digitais, instalações artísticas e apresentações musicais. Também trabalhou como técnico de som e *sound designer* em diferentes projetos em curtas-metragens, vídeos publicitários, som ao vivo para apresentações musicais e teatrais, além de produção em estúdio e projetos em áudio. Foi docente substituto no curso de Música da UFPR em 2019 e 2020 e atuou como docente no Centro Universitário Curitiba (Unicuritiba) de 2018 a 2021 e como sonoplasta na Rádio e Televisão Educativa do Paraná de 2019 a 2021.

Impressão: Reproset
Fevereiro/2023